云南省普通高等学校“十二五”规划教材

医学生学业规划与就业指导

Yixuesheng Xueyeguihua yu Jiuyezhidao

主　编　雍怡敏　杨清成　贺　彪
副主编　张键涛　贺金明　廖仲庚
编　者（以姓氏汉语拼音为序）
陈　华　邓秋景　贺　彪
贺金明　廖仲庚　牟铁文
史会林　苏红斌　孙　伟
杨红芹　杨清成　杨世恒
雍怡敏　张　鹤　张键涛
张　磊

高等教育出版社·北京

内容提要

本教材为云南省普通高等学校“十二五”规划教材，主要针对医药卫生类专业高中起点3年制和初中起点5年制的高职高专在校生编写，是一本以指导医学生学业规划和促进就业的教材。

本教材共9章，分别包括：医学生的素养、医学生学业规划、医药卫生行业从业人员准入制度要求、医学类毕业生就业形势、医学生职业角色的转变、医学生就业渠道与求职定位、求职技能、医学生就业权益保护与相关政策、医学生创业教育与探索。全书贯穿医学人文主题，激发习医者天大的责任心；从医学生就业形势分析，阐释医学生重视学业规划的重要性，进而对医学生求职必须掌握的知识和技能进行辅导。

图书在版编目(CIP)数据

医学生学业规划与就业指导/雍怡敏，杨清成，贺彪主编. --北京：高等教育出版社，2014.8

ISBN 978-7-04-040623-8

Ⅰ.①医… Ⅱ.①雍… ②杨… ③贺… Ⅲ.①医学院校-大学生-职业选择 Ⅳ.①G647.38

中国版本图书馆CIP数据核字(2014)第151057号

策划编辑 夏 宇　　责任编辑 夏 宇　　封面设计 王 洋　　版式设计 王艳红
插图绘制 杜晓丹　　责任校对 李大鹏　　责任印制 毛斯璐

出版发行 高等教育出版社
社 址 北京市西城区德外大街4号
邮政编码 100120
印 刷 国防工业出版社印刷厂
开 本 787mm×1092mm 1/16
印 张 9.5
字 数 230千字
购书热线 010-58581118
咨询电话 400-810-0598
网 址 http://www.hep.edu.cn
http://www.hep.com.cn
网上订购 http://www.landraco.com
http://www.landraco.com.cn
版 次 2014年8月第1版
印 次 2014年12月第2次印刷
定 价 19.00元

物 料 号 40623-00

《医学生学业规划与就业指导》编审委员会

主　　审　苟传美　（曲靖医学高等专科学校）

审定专家　巴春生　（曲靖医学高等专科学校）

　　　　　卢　明　（云南省教育厅）

　　　　　昝雪峰　（楚雄医药高等专科学校）

　　　　　彭明兴　（保山中医药高等专科学校）

　　　　　左　强　（红河卫生职业学院）

　　　　　杨清成　（德宏职业学院）

　　　　　杨虎翼　（临沧卫生学校）

　　　　　马利昆　（文山卫生学校）

序

就业是民生之本。党的十八大指出:“要贯彻劳动者自主就业、市场调节就业、政府促进就业和鼓励创业的方针,实施就业优先战略和更加积极的就业政策。”党的十八届三中全会进一步指出:“创新高校人才培养机制,促进高校办出特色、争创一流。”毕业生就业是高校人才培养的晴雨表,是高校教育教学工作的成果体现。在目前就业难和招聘难的窘境下,如何做好医学高等专科学校的毕业生就业工作,如何进一步培养学生对现实岗位的需求性适应,使学生更好地实现创业就业,是高校面临的一个新课题。

由曲靖医学高等专科学校牵头编写的《医学生学业规划与就业指导》教材,编者主要由全省医学类高职高专院校在就业指导与服务工作一线的教师承担,他们以开展毕业生就业创业理念教育为己任,积极宣传就业创业政策,在不断深化的教育教学改革中,亲力亲为,整合力量,总结经验,把对毕业生就业创业指导服务中的具体工作转化为专业化、理论化的思考与概括。

本教材具有三个显著的特点,一是明确提出了医学生加强医学人文素养的养成对奠定终生职业幸福感的意义。二是提出了医学生学业规划的特点和要求,为毕业生职业规划的实现打下基础。三是分析了医学生就业的规律和政策,有利于医学生就业技能和就业竞争力的提高。

我们相信,本教材的面世对推动云南省高职院校特别是医学类高职高专院校就业指导工作,将产生积极的作用。

陶　晴

2014年6月23日

前　言

高校毕业生就业已经成为社会热点问题，引起了全社会的高度关注。党中央、国务院极为重视，习近平总书记、李克强总理对高校就业工作多次批示，要求充分认识做好高校毕业生就业工作的重要性和形势的复杂性。各级各类学校有必要结合行业特点，加强就业工作的研究，提高就业指导与服务的针对性和实效性，帮助大学生顺利就业、充分就业。

虽然我国大学由精英教育向大众化教育转变，医学教育作为高等教育的重要组成部分，与其他专业教育具有相同性，同时又具有医学专业的特殊性，但毕竟“医乃人学、医乃仁学”，医学的神圣性对医学教育提出了更高要求。就毕业生就业来说，医学类毕业生相对其他专业的大学生而言，专业性强、择业面相对窄，医护人员的岗位都有严格的准入要求，特别是临床医学和护理专业的毕业生必须取得执业资格证。“医”、“药”、“护”、“技”、“卫”五类卫生专业技术人员职称等级从低到高为：“医”分为医士、医师、主治医师、副主任医师、主任医师；“药”分为药士、药师、主管药师、副主任药师、主任药师；“护”分为护士、护师、主管护师、副主任护师、主任护师；“医技”分为技士、技师、主管技师、副主任技师、主任技师；以及“卫生管理类”主要为医学文秘、卫生信息管理专业。由于职业的特点决定了其职业规划的路径基本一致，医学类专业发展方向相对明确，故本教材未编排职业生涯规划这一章节。本教材编写思路，首先从帮助医学生树立医学人文精神开始，确定学习的动力、明晰医学信仰，提出制定学业规划的必要性之后分析医学生的就业形势，介绍医疗机构的类别、医药卫生从业人员分类及从业要求，使医学生能顺利转变职业角色，学会医学生就业渠道及就业信息的收集方法，提升求职技能，了解就业权益的保护和就业政策。同时，从确立创业的意识这一角度出发，了解创业条件，鼓励医学生自主创业。

总之，本教材力求突出行业特点，紧紧围绕医学类专业就业特点，本着实用、够用的原则编写，主要适用于医学类高职高专在校学生学习用书及从事就业指导工作教师的参考用书，同时亦可作为中等卫生学校学生就业指导参考用书。

编　者

2014年6月20日

目 录

第一章　医学生的素养

章首语

医生是人类生命的守护神，敬畏这份事业，敬畏自己的岗位，这一切都源于对生命的敬畏。作为未来的医务工作者，我们要明白习医的过程虽然艰苦，有时会觉得枯燥，但她却是一门十分神圣的科学。我们面对的不仅仅是病人，也是一份沉甸甸的责任。这是一种承诺，更是一种态度，这种态度是由精湛的医术、悲天悯人的情怀、仁爱之心构成，也是奠定我们终身职业幸福感的基础。

学习目标

1. 通过生命与医学关系的思考，树立医学生敬畏生命的理念。
2. 回顾医学模式的发展变化过程，理解现代医学模式对医学生人文素养的要求。
3. 确立医学职业精神的核心内容。

第一节　医学生誓言

作为医学生，你有没有想过未来会在什么环境中工作？会接触到什么样的患者和家属？你想成为什么样的医生？医生是医“病”，还是医“人”？什么样的医生（护士）才是人们心中满意的好医生（好护士）等一系列的问题。其实，当我们步入神圣的医学殿堂，举起右手庄严宣誓《医学生誓言》的那一刻，每个人的心里无不受到强烈的震撼，经受了难忘的洗礼，医学生誓言就是一种召唤，从那一刻起，它赋予医学生们神圣的使命与光荣的责任。

一、医学生誓言的背景

中国医学生誓言，通称医学生誓言，是原国家教育委员会（现教育部）于 1991 年宣布在全国医学院校实施的宣誓誓词。

医学生誓言涵盖了西方医学和中国传统医学的主要思想。来自西方的思想主要指吸收了古希腊的《希波克拉底誓言》和 1948 年世界医学协会的《日内瓦宣言》等誓词中的主要精神。特别是希波克拉底被称为西方医学之父、人类医学史上最伟大的人物、古希腊医学黄金时代的缔造者之一，其 2 400 多年前的誓言时至今日仍然影响着西方医学界；作为职业道德的圣典，它的规范作用又远远超出医学界，成为适合一切人类社会组织抑制人性之恶的道德规范。中国传统医学最有影响的思想基础是被后世尊奉为“药王”的唐朝孙思邈所著之《备急千金要方》第一卷《大医精诚》，此卷是中医学典籍中论述医德的一篇极重要文献，为习医者所必读，被誉为是“东方的《希波克拉底誓言》”。孙思邈在《大医精诚》中这样写道“凡大医治病者，必当安神定志，无欲无求，先发大慈恻隐之心，誓愿普救含灵之苦。若有疾厄来求救者，不得问其贵贱贫富，长幼妍媸，怨亲善友，华夷智愚，普同一等，皆如至亲之想；亦不得瞻前顾后，自虑吉凶，护惜身命。见彼苦恼，若己有之，深心凄怆，勿避艰险、昼夜、寒暑、饥渴、疲劳，一心赴救，无作功夫形迹之心 ，如此可为苍生大医、反此则是含灵巨贼……其有患疮痘、下痢，臭秽不可瞻视，人所恶见者，但发惭愧凄怜忧恤之意，不得起一念蒂芥之心，是吾之志也。”他明确地说明“医术精通、诚心救人”乃大医之体、为医之法。作为一名优秀的医生，不光要有精湛的医疗技术，还要拥有良好的医德。

现在的《医学生誓言》体现了东西方文化高度的共识，人心相通，仁者爱人，即从医学认识论的角度提出了医学的本质，医乃人学，“求真、崇善、尚美、达圣”是对医学科学和医学人文精神关系的深刻感悟，是对人的生命由衷地敬畏，是在对病人奉献终极关怀的过程中，守护病人的身心健康，医者守望精神家园的价值追求。

1.《希波克拉底誓言》

仰赖医神阿波罗，埃斯克雷彼斯，阿克索及天地诸神为证，鄙人敬谨宣誓，愿以自身能力及判断力所及，遵守此约：

凡授我艺者，敬之如父母，作为终身同世伴侣，彼有急需，我接济之。视彼儿女，犹我弟兄，如欲受业，当免费并无条件传授之。凡我所知，无论口授书传，俱传之吾与吾师之子及发誓遵守此约之生徒，此外不传与他人。

我愿尽余之能力与判断力所及，遵守为病家谋利益之信条，并检柬一切堕落及害人行为，我不得将危害药品给予他人，并不作此项之指导，虽有人请求亦必不与之。尤不为妇人施堕胎手术。我愿以此纯洁与神圣之精神终身执行我职务。凡患结石者，我不施手术，此则有待于专家为之。

无论至于何处，遇男或女，贵人及奴婢，我之唯一目的，为病家谋幸福，并检点吾身，不做各种害人及恶劣行为，尤不做诱奸之事。凡我所见所闻，无论有无业务关系，我认为应守秘密者，我愿保守秘密。倘使我严守上述誓言时，请求神祇让我生命与医术能得无上光荣，我苟违誓，天地鬼神共殛之。

2.《日内瓦宣言》

——世界医学协会一九四八年日内瓦大会

在我被准许从事医学事业时，我郑重地保证：

奉献一切为人类服务；

我对我的老师将给予他们应该受到的尊敬和感激；

我将凭我的良心和尊严来从事我的医学事业；

我病人的健康将是我首先考虑的；

我将尊重病人交给我的秘密；

我将极尽所能来保持医学职业的荣誉和高尚的传统；

我的同道均是我的兄弟；

我不允许宗教、国籍、种族、政见或社会地位来干扰我的职责和我与病人间的关系；

我对人的生命，从其孕育开始，就保持最高的尊重，即使在威胁下，我决不将我的医学知识用于违反人道主义规范的事情。

我出自内心和以我的荣誉庄严地作此保证！

3. 南丁格尔誓言

余谨以至诚，于上帝及公众前宣誓：终身纯洁，忠贞职守。勿为有损之事，勿取服或故用有害之药，尽力提高护理专业标准，慎守病人家务及秘密，竭诚协助医师之诊治，务谋病者之福利。

二、医学生誓言

健康所系、性命相托。当我步入神圣医学学府的时刻，谨庄严宣誓：我志愿献身医学，热爱祖国，忠于人民，恪守医德，尊师守纪，刻苦钻研，孜孜不倦，精益求精，全面发展。

我决心竭尽全力除人类之病痛，助健康之完美，维护医术的圣洁和荣誉。救死扶伤，不辞艰辛，执着追求，为祖国医药卫生事业的发展和人类身心健康奋斗终生！

——国家教委高教司[1991]106 号

三、医学生誓言的意义

誓言唤起医者内心神圣的良知，激起医者对社会公众的责任感，奠定人类道德和伦理的底线，树立起对人的生命、权利与尊严的尊崇感。

(一) 唤起敬畏生命之心

"健康所系、性命相托！"唤起医者敬畏生命之心。我国古代的重要医著《黄帝内经》中曾明确提出："天覆地载，万物悉备，莫贵于人。"病人的生命高于一切，医生应当以病人的生命为本。世界上最应该珍惜的是生命，而生命对于每一个人只有一次。珍惜生命，重视肉体生命的价值，是生命教育的基本要求，作为未来的医务工作者，更是以救死扶伤、解除病痛为己任，理应更加珍惜生命、尊重生命，这是医务工作者的首要职业操守。

德国哲学家、神学家、音乐家、医生、社会活动家、人道主义者，有"非洲圣人"之称的阿尔伯特·史怀哲(图 1-1)，于 1953 年获诺贝尔和平奖，史怀哲 30 岁时在哲学、神学和音乐方面已拥有很大声望，然其却毅然决定从医去非洲，在贫穷落后地区为素不相识、语言不通的非洲人民献上他所有的精力、智慧和爱心将近 50 余年，直到以 90 岁的高龄在加蓬的兰巴雷内逝世。在非洲恶劣的条件下，他写下了大量有关文化和伦理学的著作，创立了"敬畏生命伦理学"。呼吁全人类重视尊重生命的伦理，反对将所有的生物分为有价值的与没有价值的、高等的与低等的。这种伦理学后来被誉为"标志西方道德进步的一个里程碑"。

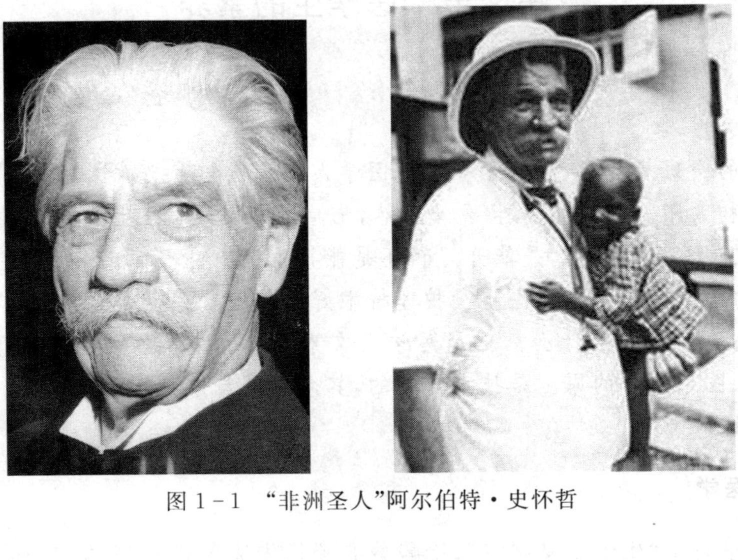

图 1-1 "非洲圣人"阿尔伯特·史怀哲

2006年“感动中国人物”之一的北京军区总医院华益慰主任医师(图1-2),救治了众多患者,温暖了千万人的心,被称为“值得托付生命的人”。他以救死扶伤、治病救人为己任,外科手术没有发生过一起医疗事故,先后参加支援西藏医疗队和海城、唐山抗震救灾等行动,挽救了许多患者的生命。他视患者为亲人,满腔热忱地为病人服务,赢得了广大官兵和群众的信赖。他把毕生精力奉献给军队医学事业和普通患者,退休后拒绝地方医院的高薪聘请,年过七旬还战斗在临床第一线,在身患胃癌生命垂危之际,立下“为医学事业捐献遗体”的遗嘱。

图1-2 华益慰

(二) 医生的责任大于天

医生是一份需要有使命感的职业。有使命感的医生能更好地承担医者的责任。选择了医生这个职业,就是选择了天大的责任。医者的责任就是生命的守护神,提供人文关怀,助推全人类的医疗健康事业。

中国工程院钟南山院士(图1-3)在人类和民族安全受到威胁的危急时刻挺身而出,在2003年SARS肆虐中国的危急关头,作为国内呼吸疾病的首席专家,他曾说过一段意味深长的话:从医学的角度出发,出现新的病毒和重大疫情是个科学问题。疫情不仅仅是一个国家或地区的事,而是关系到全人类的共同安全和利益。

图1-3 钟南山院士

第二节 医学生的素养

典型案例

在医院外科的交班晨会上,科主任在强调医学人文素养的重要性,说医学人文素养是医生素质结构中的灵魂和太阳。某主治医生不以为然,询问主任说:做医生最重要的素质还是业务素质,懂得医学人文这些虚的东西,是能开刀啊还是能治病呢?主任回答:在全科几十名医生护士中,业务技术好的医生就一定是好医生?护理技术好的护士就一定是好护士?主治医生说,那倒不等于。主任说:他们差的是什么?正是医学人文素养。据中华医学会的权威统计,只有不到30%的医疗差错、医患纠纷的原因是技术导致的,其余都是与人文素质、管理有关的因素导致的。主治医生沉默不语。

一、生命与医学

天津医科大学有个“生命意义展室”,珍藏着老校长朱宪彝捐献遗体的心脏标本和部分遗体捐献者遗嘱。每一名新生走进展馆，心灵都会受到强烈的冲击，引发“理解生命意义，感悟崇高精神”的思考。

医学与生命紧密相关，生命的唯一性、宝贵性决定着医学的崇高性、神圣性。人的生命价值的逻辑前提是一定的生命质量和健康。人的生命价值展现过程中，始终离不开医学的维护。对于医学而言，离开了对人的生命价值的维护和展现，医学就失去了本质的存在，就没有价值可言。

（一）生命的三重性

1. 生命的质量属性 1993 年世界卫生组织（WHO）在日内瓦召开的世界卫生大会，对生命质量的概念描述为个体在其所在的文化、风俗习惯的背景下，由其生活的标准、理想追求的目标所决定的对自己目前的社会地位、生活状况的认识和满意程度。生命质量的测评，常用多元评价的方式，包括生理方面、心理方面和社会方面的综合评价。个体生命质量的水平是一个动态的过程，从生命诞生→生命健康存在→生命的结束，生命质量不可抗拒地从无到有，由高质量向低质量转化。

2. 生命的价值属性 生命的价值属性是指生命在一定的社会关系中扮演一个有意义的社会角色时所表现出来的人的本质属性，是人的生命区别于其他生命的根本属性。如医学生在家和在社会扮演着不同的角色。个体的生命价值的表现是个体生命潜能的充分发挥，表现为利他行为和利己行为。实际上，绝对利己行为的个体生命是无所谓价值的，个体生命的价值必须通过对他人和社会有所贡献时，才能得到承认和显现，如毫不利己的白求恩精神和“以病人为中心”的服务理念，都体现了生命的价值属性。

3. 生命的神圣属性 生命的神圣属性是指生命是超高的、可贵的、不可轻弃的。它体现在生命的偶然随机性，每一个生命的诞生都携带着亿年历史的生命精密结构，以及 700 多万年人类的各种智慧信息。男子的一次射精，排出的精子 2 亿至 3 亿，而最后能够与卵子结合的却只有一个。生命的神圣属性还体现在生命存在的社会价值性和生命的唯一性。

生命的质量属性、价值属性、神圣属性三者是一个统一的整体，相互渗透、相辅相成、不可分割。这完美的三重性结构构建着健全的生命。

（二）医学的含义

何谓医学，《辞海》中的定义是“研究人类生命过程以及同疾病做斗争的一门科学体系”，是一门自然科学、社会学和哲学的统一体。可谓“医乃仁学、医乃人学”。

医学的本质是一门哲学，是一种人的哲学，它服务于人，作用于人，自然需要顾及人最基本的感受。医学的本质要求将自然科学与人文科学相结合，具体到医疗工作人员自身素质培养方面，就是要将专业技术与人文素质相结合，不仅要提高医疗工作人员的“医术”，同时也要提升其“医德”。这与中国传统医学“医乃仁术”的基本命题是一致的。“健康所系、性命相托”，生命面前，人人平等，“人命至重，有贵千斤”，这些植根于现代医务工作者心中神圣而宝贵的生命信仰，应该被打造成为牢不可破的意志，体现在医疗卫生工作中是对每一个生命的“不抛弃、不放弃”，医务工作者应该认真地敬畏并呵护着这种生存的权利。

古今中外，深刻领会并践行“医乃仁学、医乃人学”精神的医生不胜枚举，其中之一即曾让许多人唏嘘不已、感慨万千的德兰修女（图 1－4），她是 1979 年诺贝尔和平奖的获得者，1997 年 9 月在印度去世。从 18 岁到 87 岁，德兰修女在长久的受苦中，唤醒了世人对于穷人的关注。

德兰修女关心着许多的人，她用那双充满爱的双手照顾他们，她收养了无数个孤苦伶仃的孩童、无家可归的病重老人，甚至连即将去世的黑热病病患她都用心地照顾。虽然她的爱，无法让所有的病人起死回生，但她所施予的温暖，却是这些垂死病人最大的安慰，因为她的爱心，而使许多人重获新生，许多人也因她的启发，相继投入慈善事业。

图 1-4　德兰修女（Mother Teresa）

诺贝尔和平奖颁奖词中写道："那些最孤独的人、处境最悲惨的人，得到了她真诚的关怀和照料。这种情操发自她对人的尊重，完全没有居高施舍的姿态。"而且，"她以尊重人类尊严的观念在两者之间建设了一座桥梁。"

德兰修女告诉世界，要以有尊严的方式对待穷人。愈是贫穷、孤独的人，愈是拥有着最为敏感的心灵，最为脆弱也最为强烈的自尊。不论在印度，还是在别的地方，概莫能外。

她的行为难道不是医学本质的最好诠释吗？

德兰修女箴言

1. 人们不讲道理、思想谬误、自我中心，不管怎样，还是爱他们。
2. 如果你做善事，人们说你自私自利、别有用心，不管怎样，还是要做善事。
3. 如果你成功以后，身边尽是假的朋友和真的敌人，不管怎样，还是要成功。
4. 你所做的善事明天就会被遗忘，不管怎样，还是要做善事。
5. 诚实与坦率使你容易受到欺骗和伤害，不管怎样，还是要诚实与坦率。
6. 你耗费数年所建设的可能毁于一旦，不管怎样，还是要建设。
7. 人们确实需要帮助，然而如果你帮助他们，却可能遭到攻击，不管怎样，还是要帮助。
8. 将你所拥有最好的东西献给世界，可能永远都不够，不管怎样，还是要将最好的东西付出！

国产电视剧《医者仁心》是一部全景式反映医生职业生活的医疗剧。剧中的心脏外科医生钟立行坚守职业道德，秉持自己的原则和信念，在医疗行业树立起了精神标杆。在医生的职业素养上，他呼吁能够重拾白求恩精神瑰宝，弘扬正气。

为了坚守"救人第一"的原则，钟医生忍痛用妹妹去世后捐赠的器官为一个患者做心脏移植手术，却反被患者的家人误解，钟医生说，因为我们作为医生，作为一群保卫生命的人，我们却救不了我们自己的亲人，那种无力感，真的是令人感到很绝望。这个世界上失去亲人的不是只有你一个，没有人杀死你的孩子，是疾病！是病魔！而医生是站在人类生命的前沿，去拯救生命，是与疾病搏斗的人！你永远没有办法明白一个医生，失去他自己病人的痛苦，因为我们无能！因为我们没有办法拯救生命！我请你相信我们：每一个医生和你们所有家属的心情是完全一样的！一样的！没区别的！你知道吗？一样的！为什么在明明知道可能会有死亡后果的情况下还要不惜一切代价抢救？为什么明明知道病人家属已经付不出高额医药费，还要坚持救治，还要在事后想尽一切办法减免费用，因为我们是医生，治病救人是我们的使命。剧中的许多情节令观者产生心灵上的共鸣和震撼，钟立行是一群年轻医生的偶像，也是许多医学生的偶像和信仰。他能激励我们做一个正直、稳重、有原则的人。他对待每个生命都像在抚摸自己的眼睛，近在咫尺微弱的生命就是这样从他手中坚强地站起来。

钟立行洁身自好、隐忍、内敛、清高、包容，以自身的言行践诺了《医学生誓言》，这部电视剧塑造了这样一个在职业道德上和技术素养上都十分完美的医生形象，让许多观众和医务工作者潸然泪下，成了许多医务工作者珍藏的励志电视剧。

这难道不正是我们这个时代医务工作者发自心底迸发的正能量的体现吗？

电视剧《医者仁心》经典台词

1. 如果你从来不了解外科医生的生活，那么请让我告诉你，生命就是这样脆弱，而生命的危机和转机也在转眼之间；危机与转机，就是生死线，而医生的生活，就是踏在这条线上。

2. 请允许我告诉一个专业的秘密，每当医院死人的时候，医生们都会列队离开，只留下一个低年资的大夫处理遗体，这不是冷酷，而是一种仪式。我不知道这世界是不是有灵魂，但我们心里愿意相信有。希望留一点空间给失去的生命一点自由，如果有灵魂，就让灵魂自由飞翔。

3. 我们都在努力做一个能够被人怀念的人。

4. 从今天起做一个坚定的人：不再为困境而流泪，不再为失望而妥协。

5. 诚实地面对自己，面对所有的一切。

6. 理想不仅仅是为了让我们去追求，去实现；而是它的存在，让我们实现的过程变得纯洁和干净。

7. 人活着除了追求真理，有时候还需要一点情怀。

8. 只要我们以诚相对，我们就能形成一种力量，保持一种精神，保持我们的正直和自尊，这是这个世界上任何财富都买不来的。

9. 每一个患者，我们都用尽最大的努力去抢救，无论是那些出现意外的患者，还是那些我们早已经知道无力回天的患者。眼睁睁看着他们离去时的心情，是你们这辈子、下辈子也体会不到的。

10. 时间，最厉害！它，会带来每个人生命中的那一切，而也同样会带走所有！无论贫富贵贱，都将在无情的死亡面前结束。不仅对于爱我们的人，施以仁爱；对不爱我们的人，同样仁爱。去感化他，即使感化不了他，但终究还是感动了自己……

二、现代医学模式与医学人文精神

医学的研究对象是人，人既有生物属性、心理特性，又有复杂的社会属性。因此，医学比任何别的学科更强调人文关怀。以人为本，服务于人是医学的最终价值目标。美国电视剧《妙手情真》是一部根据真人真事改编的电影故事，主人公亚当斯是20世纪60年代美国弗吉尼亚州一名医学院学生，他提出的“治好病人，而不仅仅是治好病”的口号，在当年引起极大争议，引发了全世界对现代医学模式的思考。

（一）现代医学模式及其核心价值

1. 医学模式 也称之为医学观，它揭示医学实践中的一般问题、普遍问题、宏观问题，讨论贯穿医学实践的基本观点、基本倾向，它联系医学实践中的实际问题而不以具体的医学问题为关注对象，具有抽象性、概括性的特征。

2. 核心价值 医学模式的产生、发展和转化，是随着医学实践的发展而不断推进的；同时医学模式对医学实践的发展又有着积极的推动作用，合理的医学模式总是在一定历史时期作为医学实践的动力因素存在的，这就是医学模式的核心价值。

（二）医学模式的转变

从生物医学模式下的“一维健康观”到“四维健康观”，从个体“小健康观”到社会“大健康观”，健康观也在不断发生转变。

19世纪，医学界提出生物医学模式下生理学的健康观，即躯体结构健全，生理机能正常，没有缺陷和疾病。

1948年世界卫生组织（WHO）在其宪章序言中指出：“健康不仅是没有疾病和病痛，而是个体在身体上、精神上、社会上完全安好的状态。”

1978年，世界卫生组织（WHO）重申：“健康是躯体的、精神的、社会适应良好的三维健康观。”

1989年，世界卫生组织（WHO）提出21世纪健康新理念：“健康是生理的、心理的、社会适应和道德健康的四维健康观。”

WHO的健康定义不仅是医学定义，而且是社会学定义，这样健康概念的内涵大大超出了生物医学的范畴，把人体的健康与生物的、心理的、社会的关系紧密地联系了起来，体现了医学模式转换的基本精神，成为社会进步的一个重要标志和潜在动力。

1. 个体躯体健康的基本标志 是指躯体形态结构正常，功能活动正常，机体的各个脏器、各个系统能正常发挥其功能作用，保持机体的稳态，具有进行日常生活和社会活动的能力和充沛的精力。

2. 心理健康的基本标准 是指社会目标积极向上、自我意识正常、情绪健全稳定、具有社会责任心、人际关系良好。心理健康的标准在不同社会条件下，在不同历史时期，具有不同要求。心理健康的标准具有一定差异性，心理健康是以同一年龄阶段的人们心理发展水平为参照。心理健康标准因个体、地区、民族、文化而异。归纳基本表现如下：世界观科学，人生观积极向上；思维不极端，社会认知功能正常；情绪稳定，反应适度，具有精神创伤修复能力；个性无畸形发展，意志品质健全；自我评价适当，自我意识正常。

3. 社会适应性良好表现 是指人际关系和谐、有社会责任心、社会角色扮演尽职、行为合乎社会道德规范。社会适应良好并不意味着任何情况下对社会的简单顺应，社会环境的内容不全都有利于健康，对社会环境中的丑陋和缺陷，非但不应该适应，而且要抵制与超越。正是这个意义上，马斯洛说，健康——超越环境。

躯体、心理和社会三者是相互作用的，是一个整体。一般而言，躯体健康是心理、社会健康的物质基础，心理健康有利于躯体健康和社会角色的成功扮演，而社会适应良好是个体身心健康的重要条件。

4. 道德健康 是指个体躯体、心理状况受到社会化过程中的诸多因素制约和影响。诸如：家庭教育、群体关系、社区环境、社会文化、社会风气、婚姻和家庭状况、个人事业，处理各种社会冲突的能力等因素影响下一个人的道德标准。

因此，如果把躯体、心理健康、社会适应良好称为“小健康”的话，那么社会的道德标准就是“大健康”。“大健康”会对个体“小健康”有影响，“大健康”追求的是人类的健康，正如环境保护、不滥用抗生素、预防接种，不但是个体的，也是家庭的、社会的。

大健康的观念，极大地拓展了医学的时空，医学对人的生命关爱由此可触及不同的层面和不同的角落，使医学的人文关怀品格获得全面提升。归根结底，维系人类生命的健康是医学最根本目的之所在，由此人类的"大健康"才能真正完成医学的历史责任。

（三）医学的人文精神

人文精神是一种普遍的人类自我关怀，表现为对人的尊严、价值、命运的维护、追求和关怀，对人类遗留下来的各种精神文化现象的珍视，对一种全面发展的理想人格的肯定和塑造。医学人文精神，是指人类发展中形成的优秀文化积淀凝聚而成的精神，是人一种内在的精神品格。医学的人文精神体现为医生在利用其掌握的医学知识和技术竭尽全力为病人寻求治疗和缓解病痛的同时，在对待病人的态度和行为方式上，以一种情感上的关怀、关心和照顾去善待病人，注重与病人的沟通，尊重病人的想法和意愿，与病人及家属有着良好的互动和交流，形成和谐温馨的医患关系。

实践证明，社会的发展进步绝不只是经济发展，其中也包含人的自身发展，"生活质量"和"生命质量"也是人们自身发展的新要求。医学院校是培养医学人才的摇篮，在医学院校进行生命教育，是适应时代与社会需求的。针对医学生这一群体，需要开展一种特殊的人文素质和德育教育，为医学生的健康生命成长提供支持与帮助。高素质的医学人才不仅体现在精湛的医术、高水平的科研能力，还体现为高尚的医德，即德艺双馨。要培养高素质的医学人才，在医学生阶段对其人文精神和职业精神的培养是一个十分重要的环节。由对历史史实、政治制度、人文知识以及文学修养等多方面的理解所积累起来的人文底蕴，不仅可以培养医学生独立思考判断的习惯，而且能够激起学生内心深处最本质的人文关怀精神，建立起医学生发自心底的医学信仰，这种人文关怀精神体现在医学生的职业中就是对每一位病人的关怀，对生命的敬畏，它是医学生自身生命质量的体现，是医学生奠定终身职业幸福感的基石。

自从 1910 年起，美国不少医学院开始增设人文科学课程，到 20 世纪 80 年代，人文素质教育不断加强，医学人文教育成了教改的主要趋势，1984 年美国医学院协会在《为 21 世纪培养医生》的报告中指出："缺乏人文、社会科学基础的医生，在医学生涯中往往会丧失智力挑战的能力和应答这种挑战的能力。"国外大部分医学生在进入医学院以前，已经有第一手的人性经验，如在老人院、医院、疗养院或各种慈善机构等人性问题最复杂与最脆弱的地方当过义工，对生命的深奥莫测已有了基本的见识。我国医学院校招收的生源主要以理科生为主，在高中阶段文理分科，理科生主攻数理化，忽视人文社会学科，人文素质教育相对薄弱，在进入医学校后更是忙于学习专业课程和英语，更加忽视人文素质的教育。2009 年 9 月，教育部和卫生部联合下发的中国《本科医学教育标准——临床医学专业（试行）》第一次提出"课程计划要安排人文素质教育课程"。高职高专的学生学制短，多为三年制，更应该重视医学人文素质的教育，当然医学人文素养的教育是一个长期的过程。

随着生物医学模式向生物—心理—社会医学模式的转变，以及全球医学最低标准的制定，在医学教育中渗透人文精神，加强对医学生人文素质教育的重要性越来越多地被国内外医学教育界所认识，切实加强好医学生人文素质教育关系到我国医学教育培养目标的实现和高素质医学人才的培养。

三、医学职业精神

(一) 医生的素养

医生的素养结构由文化素质、心理素质、业务素质和人文素质构成,这些素质单元都具有与众不同的内涵。医生的文化素质是执业的必备条件,没有规范的高等医学教育的经历,在主流医学的范围内是无法从事医学活动的;一位营业员的心理素质不佳,至多影响营业收入,而一位医生的心理素质有问题,怎能期待他为病人提供心理治疗和心理疏导;业务素质是医生关爱病人的基本手段,不可能存在这样的情况:一位自称素质很好的医生,但他总是出现医疗差错甚至医疗事故;医学人文素质是医生素质的灵魂和太阳,医学人文素质的缺失是根本性的缺陷,如果缺少这个素质,医生就不是一个值得托付生命的职业。

(二) 医学的职业精神

医学职业精神,是全社会、全人类所肯定和倡导的基本从医理念、价值取向、职业人格、职业风格、职业风尚的总则,归结为坚定的职业信仰、高雅的生命文化修养、高尚的职业操守、高度的责任担当,它取决于医学生的职业态度。国际医学教育委员会在《基础医学教育全球基本要求》中,放在首位的就是医学职业态度、医学价值观和伦理塑造。在《世界卫生组织西太平洋地区本科医学教育质量保障指南》里,医学生应具备的职业态度归纳如下:

(1) 尊重个人。

(2) 重视关于生和死的伦理问题。

(3) 真诚希望减轻患者痛苦。

(4) 意识到病人及家属交流的必要性。

(5) 愿以最低费用达到最理想康复。

(6) 认识病人和社区的健康利益至关重要。

(7) 乐意与其他卫生保健者进行团队合作。

(8) 重视自己的责任,在职业生涯中尽可能保持最高行医标准。

这八条职业态度体现的医学职业精神包括如下三个方面。

一是精神境界高远。能够遵纪守法,树立科学的世界观、人生观、价值观和社会主义的荣辱观,热爱祖国,忠于人民,愿为祖国医疗卫生事业的发展和人类身心健康奋斗终生;将预防疾病、驱除病痛作为自己的终身责任;将维护民众的健康利益作为自己的职业责任;自觉维护医德。

二是情感胸襟宽阔。尊重患者的隐私和人格,尊重患者的个人信仰,理解他人的人文背景及文化价值;尊重同事和其他医务工作者,具有集体主义和团体合作观念,主动寻求他人帮助;具有科学态度、创新和分析批判精神;能够认识到持续自我完善的重要性,不断追求卓越。

三是人文关怀充分。具有依法行医观念;注重与病人及家属进行交流;充分考虑病人及其家属的利益;能够珍视生命、关爱病人,具有人道主义精神;能够将提供临终关怀作为自己的道德责任。

思考题

1. 医学生誓言和希波克拉底誓言给我们什么启示？
2. 生命教育对医学生有什么特殊的意义？
3. 现代医学模式对医学生人文素养有什么要求？
4. 如何树立医学职业精神？

第二章　医学生学业规划

章首语

古人云："凡事预则立，不预则废。"这里所谓的"预"实际上就是计划、规划的意思。事实也证明，有很多人由于对自己的学业毫无规划，人生的每一步都没有明确的目标，导致学业失败，最终导致事业失败。因此，要从学业开始，对自己的人生有所规划，才能获得事业的成功。

在清楚医学生就业方向和前景的基础上，在校学生应明确学业规划的意义，科学、合理地制订好三年或五年学业规划，才能避免面对就业的不知所措，为理想就业打下基础。

学习目标

1. 了解学业规划的目的。
2. 掌握医学生学业规划的方法和意义。
3. 学会合理规划实习期。

典型案例

1984 年，在东京国际马拉松邀请赛中，名不见经传的日本选手山田本一出人预料地夺得了世界冠军。当记者问他凭什么取得如此惊人的成绩时，他说了这么一句话：用智慧战胜对手。两年后，国际马拉松邀请赛在意大利北部城市米兰举行，山田本一代表日本参加比赛。这一次，他又获得了世界冠军。记者又请他谈经验。山田本一回答的仍是上次那句话：用智慧战胜对手。记者对他所谓的智慧迷惑不解。10 年后，这个谜终于被解开了，他在他的自传中是这么说的：每次比赛之前，我都要乘车把比赛的线路仔细地看一遍，并把沿途比较醒目的标志画下来，比如第一个标志是银行；第二个标志是一棵大树；第三个标志是一座红房子……这样一直画到赛程的终点。比赛开始后，我就以百米的速度奋力地向第一个目标冲去，等到达第一个目标后，我又以同样的速度向第二个目标冲去。40 多公里的赛程，就被我分解成这么几个小目标轻松地跑完了。

点评：每个终极目标是由许许多多的小目标构成的，要达到终极目标，就要像上楼梯一样，一步一个台阶。当人们的行动有了明确目标，并能把自己的行动与目标不断地加以对照，进而清楚地知道自己的行进速度和与目标之间的距离，人们行动的动机就会得到维持和加强，就会自觉地克服一切困难，努力达到目标。当我们每前进一步，达到一个小目标，就会体验到"成功的喜悦"，这种"感觉"将推动他充分调动自己的潜能去达到下一个目标。

第一节　学业规划概述

一、学业规划的概念

大学是大学生充分积累适应社会所需资本的重要阶段，该阶段资本原始积累的程度将对其能否顺利走向社会具有直接影响。大学需要积累的资本很多，包括知识、能力、素质等多方面的内容。通过学业规划，规划主体可高效地获得职业或事业平台所需的资本，迅速有效地获得适合于自身发展的职业或事业平台，最大限度地提高自身的职业竞争能力，为顺利就业奠定基础。学业规划是职业规划的基础，学业规划对人生的发展具有全局性和长远性的战略意义。

学业规划是指规划主体根据自身的天赋、兴趣及未来社会的需要，确定自己的学业及职业（事业）发展生涯，其根本目的在于最大限度地提高规划者的人生事业（职业）发展效率，也就是以最小的经济、精力及时间的投入来取得事业（职业）上的成就。大学生学业规划，是指大学生对与其事业（职业）目标相关的学业所进行的安排和筹划。具体来讲，是指大学生通过对自身特点（性格特点、能力特点）和社会未来需要的深入分析和正确认识，确定自己的事业（职业）目标，进而确定学业发展方向，然后结合自己的实际情况（经济条件、工作现状、家庭情况等）制订学业发展计划。换言之，学业规划就是大学生通过解决学什么、怎么学、用什么学、什么时候学等问题，最大限度地提高求学者的人生职业（事业）发展效率，并实现个人的可持续发展。

二、学业规划的意义

"记得少时骑竹马，看看又是白头翁。"人的一生是非常短暂的。没有目标的人生像是没有方向的船只，只能随波逐流。因此要在这有限的时间里有所作为，有所成就，就必须确定目标。在确定目标的同时，还需要制定相应的发展规划与实施计划，确保其实现。作为医学生，通过学业规划，能一步一步接近自己的职业理想。

首先，学业规划能帮助学生更好地确立整个大学期间的学业目标，奠定好职业规划的基础。做好大学生学业规划可以激发大学生主动学习的热情，提高大学生活的效率和质量，为步入社会做好准备；有效引导学生认清自我，了解职场。

其次，学业规划能帮助解决大学生就业难的问题。许多人都认为：大学生就业难是个观念问题，只要学生降低期望值就可以解决了。但事实证明，大学生就业难不仅是个观念问题，同时也是一个经济问题。即学生前期经过了大量艰苦的投入，如何能让这些投入所形成的"资产"保值增值？如果一个大学生毕业后不能找到一个合适的工作，不能通过劳动报酬解决自身的生存及发展的问题，那么他无论如何也不会降低就业期望值。所以，这就要求学生在求学期间通过规划自己的学业，确保在大学期间学有所成，毕业后顺利找到适合于自身发展的职业，从而实现个人的可持续发展，并不断向职业理想前进。

再次，学业规划能帮助各类人才各得其所，实现市场经济与人才培养体系的良性互动。近年来，由于医药类专业毕业生数量及质量的提升，社会对医药专业人才的渴求大大缓解。学业规划从根本上提高了学生个人的发展效率，因此，作为各类人才学生将会各归其位，各得其所，从而实现了社会经济与人才成长的良性互动。

三、学业规划要素

医学生从学（专）业与职业的相关性来讲，是一一对应的关系，由于培养目标单一明确，因此，在制订学业规划时，可通过规划主体自我认知、学业诊断、职业岗位群素养与职业能力需求分析、升学决策与学业管理五部分实现。“自我认知”帮助求学者了解自己的气质、性格、兴趣和能力特点，准确认知自我，分析“自我”与将来所要从事的职业要求的差距；“学业诊断”帮助求学者准确认知自己的学业水平和学习能力；“职业岗位群素养与职业能力需求分析”帮助求学者了解将来从事职业岗位（群）所需的能力及综合素养；“升学决策”帮助医学生在完成现阶段的学习后，对所学专业、所选学校以及学习方式是否选择继续深造；“学业管理”则是求学者对学习所做的计划与安排。通过学业规划，以确保规划主体完成学业后，成长为适应社会需要的合格人才，从而顺利实现阶段性职业或事业目标。

四、学业规划的内容与流程

学业规划的过程，就是解决问题的过程，即求学者通过科学解决学什么、怎么学、什么时候学、在哪里学等问题，以确保让求学者以最小的投入获得适应人才市场需要的能力和素质的过程。即“何人、为何、何时、何地、如何、学何”。其中，“何人”实际上就是规划的主体，谁来规划自己的学业？这里要注意的是一定是自己规划和安排自己的学业，不能由别人代劳，决策与管理都必须是个人自主决定。“为何”是指针对每一个求学者具体的阶段性职业目标，因为普遍性的目标就是提高个人的发展效率，“为何”与“何时”、“何地”、“如何”、“学何”共同组成了规划的客体。综上所述，在制定学业规划时应考虑以下几方面：

1. 自我认知 不仅要认识自己的兴趣爱好，还包括身体条件、学业阶段、家庭背景、经济条件、社会关系等与个人发展密切相关的各种因素。

2. 职业认知 要深入了解职业的内涵、职业岗位群素养以及职业能力需求，树立科学的职业价值观。

3. 了解人才市场需要 人才市场需要是制订就业目标及学业规划的基础，因此必须对未来人才市场的需要有一个比较准确的判断。

4. 确定目标 在认识自己优势、了解职业内涵、掌握市场需要的基础上，科学确定自己的就业目标或升学。

5. 制定学业规划 根据目标，具体解决怎么学、什么时候学等学业管理的一些基本问题。

作为一个在校医学生，在进行学业规划时，必须了解自身特点（性格特点、能力特点），并对社会需要进行深入分析和正确认识，确定自己的事业（职业）目标，进而确定学业发展方向，然后结合自己的实际情况（经济条件、家庭情况、生活状况等）定制学业发展计划（图 2－1）。换言之，学业规划就是大学生通过解决学什么、怎么学、用什么学、什么时候学等问题，以确保自身顺利完成学业，为成功实现就业或开辟事业打好基础。

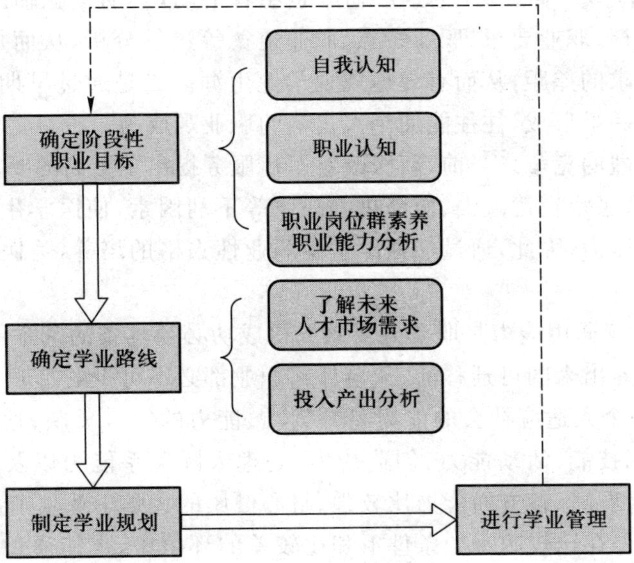

图 2-1　学业规划流程图

第二节　医学生学业规划

医学生与普通大学生不同的地方，不仅在于学制的长短不一，更在于医学行业的特殊性。医学生为完成医疗卫生活动必须具备四个核心能力：语言交流能力、自我学习能力、问题解决能力和医学职业人格。在医学生制定学业规划时，必须考虑核心能力的培养。

一、三年制医学生学业规划

三年制医学生，其学制为三年。由于医学是一门实践性较强的学科，一般为两年理论知识学习和一年临床实习。在校三年的学习，大致可分为试探期、定向期、冲刺期、分化期。一年级上学期——试探期：初步了解专业的就业情况；增加人际沟通与交流；学习计算机和普通话。一年级下学期、二年级上学期——定向期：提高自身素质，锻炼各种能力；学习专业知识技能；参加社会实践，尝试专业相关社会实践活动；提高责任感和受挫能力；了解职业资格证书考试。二年级下学期——冲刺期：进一步完成专业知识及技能学习，为高质量求职增加筹码；确定是否升学；学习交流求职心得；学写简历；了解往年求职情况。三年级——分化期：通过临床实习，充分接触医疗环境；培养实践动手能力；注意考试咨询；预习模拟面试；强化求职技巧；或准备升学。

（一）一年级学业规划

通过了解专业和职业，培养专业兴趣和职业意识，明确本专业的学习要求；制定和实施专业学习、实践计划；明确大学期间对外语、计算机及其他专业能力的要求，制定学习规划；注重拓展个人综合素质，参加各类社会实践活动；不断探索适合个人学习的新方法、方式，提高学习效率；基本完成专业基础课程学习、掌握基本的理论知识和技能技巧。

1. 职业认知 通过寒、暑假临床见习、临床志愿者活动，早期接触临床，完成职业认知。通过职业认知对职业目标、职业要求、职业特点、职业道德等进行分析，从而加深对职业的理解，寻找自身条件与职业要求的差距，从而有效地规划学业生涯。二是通过早期接触临床培养职业人格。良好的职业人格一旦形成，往往能使个人正确的职业观成为一种自觉的行为表现，从而应对复杂的社会环境和激烈的竞争。当前，新医改对医疗服务提出了更高的要求，医疗环境客观上又存在着医患关系紧张、医疗道德缺失、监督机制缺失等不利因素，使医学生不得不面对复杂的社会环境和巨大的工作压力，因此，通过加强医学生职业性人格的培养，为医学生今后进行职业实践打下坚实的基础。

2. 培养通用能力 通用能力是职业人要想取得成功必须具备的基本能力，是人们在教育或工作等不同环境中培养出来的可迁移的、从事任何职业都必不可少的跨职业的能力。

（1）适应能力：一个人适应社会的能力是其素质、能力的综合反映，适应社会能力的强弱是与他的思想品格、知识技能、活动能力、创造能力、处理人际关系能力以及健康状况等密切相关的。一般来说，一个素质高、各方面能力比较强、身心健康的大学毕业生走上社会后，能很快适应环境，适应工作，即使是在比较困难的条件下和比较差的环境中，也能通过自己的能力取得好成绩，或者变不利的环境为有利的环境。大学生只有注意培养自己适应社会的能力，走向社会后才能尽可能地缩短自己的适应期，充分发挥自己的聪明才智。

（2）表达能力：自古以来，医生承担着救死扶伤的神圣使命，履行着治病救人的崇高职责。医生是“悬壶济世”的救命恩人。但由于种种原因，目前医患关系紧张，医疗纠纷、医疗诉讼层出不穷。患方为讨一个说法，在医院吵、闹、打、砸时时上演，甚至发生杀害医生的恶性事件。而医务人员也倍感焦虑、委屈、无奈，医院也失去了往日的恬静、安宁。分析医患纠纷的成因，医疗技术水平缺陷只占20%，80%是因为医患沟通不足。因此，培养良好的表达能力，是大学生在校期间的“必修课”。同学们可通过社会实践活动打开视野、走向社会、锻炼医患沟通能力。在社会实践活动中，同学们要学会利用微笑、目光、体态、手势、情景等与病人进行非语言交流的技能。要从沟通内容、方式、方法等方面学会与病人语言交流的技能。要学会应对危急情况、通报坏消息的技能。通过学会沟通交流的技巧，为病人提供人性化服务，医患一心，共同对付病魔。

（3）交往能力：实际上就是与他人相处的能力。社会上的人际关系不像学校中的同学、师生关系那么简单。当学生步入社会后，要与各种各样的人发生这样或那样的关系，能否正确处理、有效处理、协调好职业生活中人与人的各种关系，不仅影响一个人对环境的适应状况，而且能影响着他的工作效能、心理健康状况、生活的愉快和事业的成败。

3. 获取相关证书 通过计算机、外语等级考试并取得相应证书。

4. 探索新的学习方法、技巧 大学的学习要求、生活环境等都不同于中学时代，大学新生应尽快适应大学各方面提出的新要求，向师哥师姐学习，找到适合自己的学习方法和技巧，顺利完成学业。

（二）二年级学业规划

进一步明确社会对本专业的能力要求，构架专业知识结构；有针对性地强化专业技能训练；积极参加社会实践活动，培养职业适应、社会适应能力，为临床实践打下基础。

1. 构架专业知识结构 面向21世纪，院校必须能够适应现代科技发展的整体化趋势，培养出具有核心竞争力的学生。作为学生，要努力构架自己的专业知识结构，适应社会的发展需要。医学生构架专业知识结构应从以下三方面入手：全面掌握本专业的核心知识；充分了解本专业的相关知识；合理构建个人的外延知识。

（1）全面掌握本专业的核心知识：核心知识是一个人将来从事专业工作的理论基础，要全面掌握专业核心知识，就要参加课堂与专业学习各环节；要了解哪些是主干课程、哪些是辅助课程；了解各门课程的课程目标。通过构建合理的知识结构，为将要从事的专业工作夯实基础。

（2）充分了解本专业的相关知识：通过利用课余时间，了解本专业的相关知识。在课余时间应多接触本专业的学术刊物、文献，多听专家、教授举办的关于本专业相关知识的专题讲座，将本专业的前沿知识与自己所掌握的理论基础有机地结合在一起。

（3）合理构建个人的外沿知识：外沿知识是指本专业知识以外的知识。现代职业都要求从业者的知识"程度高（知识量大、面宽）、内容新（以新知识、新信息为主）、实用强（所学知识有很强的使用价值）"。因此，在校大学生要不断地调整自己的知识结构，应根据社会"市场"这张晴雨表来调整自己的学习行为。

在构建合理的知识结构时，应坚持广博性与精深性、理论与实践、积累与调节相统一的原则，培养宽厚扎实的基础知识、广博精深的专业知识，构建合理的知识结构。这一过程没有捷径可走，其基本途径只能是学习和积累，也绝非一劳永逸，必须持续不断地付出艰辛劳动。只要采取适合自己的科学方法，并且不断努力、辛勤耕耘，就一定能建立和完善自己的知识结构，为顺利成才打下良好的基础。

2. 提高专业技能　专业技能是指将所掌握的专业理论知识综合运用于实践的能力。目前，医学生到医院进行临床实习，在病人身上进行实践操作练习，越来越困难，一是学生人数多；二是病人、家属不配合；三是医患关系紧张，临床医生怕影响医患关系，也不太愿意学生在病人身上进行实践操作。因此，学生在校期间应积极参与实训及专业技能比赛，从而提高专业技能。

3. 培养职业适应能力、社会适应能力　利用寒假、暑假、课余时间积极参加社会实践、医疗实践活动，借助社会实践平台，可以提高大学生的组织管理能力、心理承受能力、人际交往能力和应变能力等。此外，还可以使他们了解到就业环境、政策和形势等，有利于他们找到与自己知识水平、性格特征和能力素质等相匹配的职业。大学生对社会和环境的适应应该是积极主动的，而不是消极的等待和却步。大学生只有具备较强的社会适应能力，走入社会后才能缩短自己的适应期，充分发挥自己的聪明才智。因此，在不影响专业知识学习的基础上，大胆走向社会、参与包括兼职在内的社会活动是大学生提升自身职业适应能力和尽快适应社会的有效途径。

（三）三年级学业规划

这一年，医学生已走入临床进行实习。通过临床实习应掌握临床各项操作规程、了解和熟悉临床常规流程、不断训练正确诊疗思维；应强化个人责任意识，提高抗挫、抗压能力，逐步完成踏入社会前的观念转变；收集各类就业信息，关注职场机会，初步确定个人就业目标或做好"三校生"、"专升本"考试准备。

1. 临床实习　医学是一门实践性很强的学科，医学生由学校走向社会，进行临床实习，将在学校所学的理论知识转化为临床实践的过程，是医科类学校必不可少的一个重要阶段。不论是"2＋1"人才培养模式的三年制专科或中专，还是"4＋1"人才培养模式的五年制专科，缺"1"不可，只有理论知识的把握，没有临床实习的打磨过程，就好像一个做工粗糙的毛坯杯子，只有经过精工细作的打磨，其美观实用性才能体现。同时这个过程是培养医学生临床思维方式的关键过程。通过临床实习，医学生掌握临床各项操作规程、了解和熟悉临床常规流程、不断训练正确诊疗思维。在此期间，他们应积极参加临床实践，勤学苦练，在医疗工作实践中不断增长自己的才能，提高操作技能和临床诊治能力。同时通过临床实习，进一步了解本专业的职业目标、职业要求、职业特点、职业道德等。在临床实践中，不断强化个人责任意识，提高抗挫、抗压能力，逐步完成踏入社会前的观念转变。

2. 确立就业定位和方向 通过分析就业形势、了解就业政策、掌握就业程序以及收集各类就业信息，确定个人就业目标，实现职业和人生发展的目的。此阶段毕业生应锻炼自己各项求职技能，如学写自荐书、面试技能提高，学会用得体的方法自我推荐等。

3. 升学 对于有继续升学意愿的同学，在此期间，应密切关注有关"三校生"、"专升本"考试的报名时间、考试时间、考试科目的安排等。

4. 相关职(执)业资格证的获取 获取相关专业职业技能资格证书。目前高职高专所开设的专业都有与之相对应的由国家劳动人社部门或医药学行业部门考发的职(执)业资格证书，如护理专业毕业生的《护士执业资格证》，药学专业的《药品营销员资格证书》，眼视光技术专业的《眼镜配镜师资格证书》等，为将来进入劳动市场取得准入资格。

二、五年制学生学业规划

"五年一贯制"职业教育是以招收应届初中毕业生为起点，以培养专科层次高素质技能人才为目标，中高职统筹，共同实施五年一体化人才培养方案的职业教育形式，实行"2+2+1"分段教学，即2学年中等职业学校教育课程学习，2学年高职业教育课程学习，1学年临床实习。

（一）一年级学业规划

大学生入校后生活时空发生变化，此阶段规划的重点有：适应大学生活；掌握正确的学习方法，学好文化基础课，为今后的可持续发展奠定基础；有计划地参加一些文体活动，有意识地培养自己的特长，关注自身综合素质的发展；初步了解将来所从事的职业。

1. 适应大学生活

(1) 确立学习生活目标：中学阶段，学生的目标非常明确，那就是一切为中考奋斗。但升入大学后，大部分学生心里出现了目标和理想的空缺，许多人抱着轻松一下的想法，虚度了大一的美好时光。人生短暂，大学生活更是一晃而过，所以大家要抓住大学的每一天。在进入大学的第一天起就给自己一个新的定位，考虑一下自己将来要成为一个什么样的人，从事什么样的职业，通过对自己人生理想的重新思考，及时确立新的学习和生活目标。

(2) 安排时间，学会自我管理：对许多新生来说，上大学是他们第一次开始独立生活，能否自理自立，合理安排时间直接影响到大学学习、工作、生活的效能。因此，学会自我管理，是大学生活的重要一课。习惯了中学生活中老师和家长的安排和管制，许多学生面对大学老师新的授课方法常常感到无所适从，不知该如何学习，而把大量时间浪费在发短信、逛商场、泡网吧上。对此，大家应多参加一些与老生的交流活动，通过他们的经验和自身情况设定一个时间表，以尽快适应大学学习的特点。

（3）良好的人际关系：进入大学，大家会发现人与人之间交流与接触的机会增多，自己的交际圈也随之扩大。如何树立良好的人际关系，对自己今后事业的发展有着重要影响。大学是一个良好的人与人交流和沟通的平台，大家要不断提升自身修养，学会包容和换位思考，设身处地为他人着想；学会尊重他人、关爱他人；学会打开自己的心扉，坦诚相待，用真诚和努力博得大家的喜爱和支持。

2. 学好文化基础课

（1）提高科学文化素质，提高认识水平、理解能力、自学能力、应变能力，开阔视野，发展智力、个性和特长，培养良好的思想品德、健康体魄和高尚的审美情趣。

（2）为学习专业知识和形成职业技能打好基础。

（3）为接受继续教育、转换职业、适应科技发展提供必要的条件。

3. 培养职业兴趣　职业兴趣是指一个人是否喜爱某种职业，是一种职业选择与态度方面的倾向。如果人们对所从事的工作有“职业兴趣”，就会充分调动和发挥自己的主观能动性，充分开发智力和潜能，即使很枯燥的工作也会变得丰富多彩，从而增强职业的适应性，职业稳定性也会加强。同学们可以通过积极参加相关的专业兴趣小组、社团、学会，接受专业兴趣熏陶；利用图书馆、网络资源，参加校内外举办的专业知识讲座，更广泛地了解专业理论的发展状况，从而增强专业学习兴趣。

4. 培养特长，关注自身综合发展　个人特长是用人单位极为关注的一个重要内容之一，可以更全面地考察一个人的能力以及职位的适应性。当今，一些用人单位招聘，在看重求职者专业知识和工作经验的同时，把一些兴趣、特长也作为求职者的综合素质来看待，并作为是否聘用的因素之一。因此作为当代大学生在学好书本知识的同时，要注意个人的全面发展，培养个人兴趣爱好，增强就业竞争力。

（二）二年级学业规划

二年级是确立目标的阶段，是五年学习中的重要时期，此时，大学的概念已在大学生的脑海里形成，大学生们已经渐渐地适应了校园生活。本阶段的主要任务是进一步完成文化基础课学习，参加英语、计算机等级考试。通过社会实践进一步了解本专业今后从事的职业目标、职业要求、职业特点、职业道德等；通过对社会的了解和接触，提高求职意识，收集各种求职信息；积极参加社团活动，培养通用能力。

（三）三、四年级学业规划

三、四年级的课程更加集中，无论课程数还是课时数都比前两年多，这一阶段的专业学习任务很重，要合理安排好时间，把专业知识学好。通过构架专业知识结构、提高专业技能、培养职业适应能力、社会适应能力，为下一步参加临床实践打基础。积极参加社团活动，为提高就业竞争力打下基础（具体参照三年制学业规划）。

（四）五年级学业规划

大学生由学校走向社会，学生进入临床实习，部分学生对自己的出路有了规划，大学生此时要对前几年的准备做总结。此阶段是把在学校所学的理论知识转化为临床实践的过程。同时，也是进行职业选择的关键时期。此阶段规划重点是积极参加临床实践，勤学苦练，在医疗工作实践中不断增长自己的才能，提高操作技能和临床诊疗能力。接受择业技巧培训。充分利用学校提供的条件，收集学校就业处及各种渠道提供的信息，强化求职技巧，制作简历、写求职信，进行面试培训，积极准备就业。

第三节　实习期学业规划

临床实习是医学生教学的重要环节，是培养学生充分掌握基本理论、基本知识、基本技能，培养他们分析及解决问题的能力及临床操作技能的最佳途径之一，也是培养医学生向一名合格医务工作者转变的重要教育过程。

一、实习前准备

在正式进入临床实习前，同学们应做好以下几方面的准备：

1. 医学知识的准备　由于医学知识涉及的科目繁多，学习时间相对较长，到进入临床实习时有许多内容将会逐渐生疏，甚至遗忘。因此，有必要对这些知识进行温习。但面对众多的课程，要在短时间内全部温习一遍，显然不现实，所以，建议同学们在进入实习之前，将所学的科目浏览一遍，看看自己学过哪些内容，哪些内容学得较好，哪些内容学得不好，针对那些学得不好的内容，重点进行补救，特别要注意对与临床密切相关的科目的温习和补救。同时，不要忘记携带学过的所有教材，有了这些教材，在实习中遇到问题，可以及时温习并巩固知识。

2. 对有关实习守则及职责的学习　在进入实习前，学校都要发实习守则和工作职责，通过对实习守则和职责的学习，同学们能够明确实习任务，知道自己在实习中应该干什么，不应该干什么。

3. 工作制度的学习　在校学习期间，同学们系统学习了专业知识，对于工作制度的学习相对较少，而这些工作制度是实习单位正常运转的法规。系统学习这些制度，对于了解实习单位运行机制，尽快熟悉实习环境，避免发生差错和事故，将大有裨益。因此，在正式进入实习岗位前补上这一课，很有必要。

4. 物品准备　准备好实习所需的各种物品，包括：文具、工作服、笔记本等。

二、实习期学业规划

（一）实习初期尽快完成角色转换

同学们初到实习岗位，常常出现角色适应不良的情况。究其原因：一是学生对实习认识上的偏差，顶岗实习的目的不明确，对顶岗实习的效果有怀疑，以致影响到工作情绪。二是工作角色模糊，对工作的权限和工作流程不清楚，协作意识差，引发协作失调。三是对工作规定意识淡漠，工作场所行为举止随意，容易引起工作秩序混乱。四是主动性和责任感不强，工作中不能集中精力，低级失误比较常见等。

因此，同学们应尽快完成角色转换，可通过以下措施，确保实习效果。

（1）实习前仔细阅读毕业实习指导手册，明确实习目的。

（2）认真学习各种规章制度，明确工作权限和工作流程。

（3）加强修养，培养主动性和责任感。

（二）加强综合素质培养，提高就业竞争力

1. 培养责任心 责任心是一个人能否立足于社会，获得事业发展的至关重要的人格品质，是做人的基本素质。一个人工作能力的大小与他掌握知识的程度和工作方法有很大关系，而一个人的工作态度，即责任心问题则是影响一个人事业成败的关键。从某种意义上说，责任心往往比能力更为重要。医学生一定要树立对自己和他人、对家庭和集体、对国家和社会的责任心，这样才能得到用人单位的青睐。

2. 培养基本工作能力 一个职业人的基本工作能力包括了：学习能力、创新能力、人际交往能力、语言表达能力。医学生在实习期间，应有意识地培养自己这几方面的能力。

3. 加强专业技能训练 医学生不仅要掌握本学科、本专业的基本理论和方法，更需要具备运用专业技能的实践能力，包括动手能力、分析问题及解决问题的能力等。这是学生可持续发展的基础，是学生就业核心竞争力之所在，也是用人单位挑选学生的关键标准之一。在实习期间要结合所学专业和个人的职业生涯规划，结合市场需求掌握多种技能，提升竞争优势，使自己成为复合型人才。

思考题

1. 为什么进行学业规划？
2. 医学生学业规划对就业有什么作用？
3. 实习期这个阶段为什么是一个重要过程？
4. 请为自己制定一份学业规划。

第三章　医药卫生行业从业人员准入制度要求

章首语

医药卫生行业关乎人类健康和社会的和谐稳定，责任重大，这就要求从业人员有较强的责任心、过硬的专业技术、高尚的职业道德。为此，我国对医药卫生行业从业人员的准入做出了严格的规定，以确保行业的稳定和发展，并为维护人类健康提供保障。而医学生在学习期间也应谨记自己肩负的重任，明确学习目的和行业要求，刻苦学习，勤于思考，努力为所要从事的医学事业做出应有的贡献。

学习目标

1. 了解我国医疗机构(组织)类别。
2. 了解我国医药卫生从业人员的分类。
3. 掌握医药卫生行业准入制度要求。
4. 了解医药卫生行业人员的职称和晋升。

第一节　医药机构(组织)类别

医疗机构的分类管理有着较大意义，有利于医疗卫生事业的壮大和发展，也为医疗保险制度的改革创造了有利条件。我国的医疗机构主要分为以下几类。

1. 医院　是以向人提供医疗护理服务为主要目的的医疗机构。其服务对象不仅包括患者和伤员，也包括处于特定生理状态的健康人(如孕妇、产妇、新生儿)以及完全健康的人(如来医院进行体格检查或口腔清洁的人)。各类医院按照《医院分级管理标准》经过评审，定为三级，每级再划分为甲、乙、丙三等，其中三级医院增设特等，因此医院共分三级十等，最高等级为三级特等，最低为一级丙等。

2. 社区卫生服务中心(站)　是按照国家医改规划而设立的非营利性基层医疗卫生服务机构，实行以健康为中心、家庭为单位、社区为半径、需求为导向的服务宗旨，建立集预防保健、全科医疗、妇幼保健、康复治疗、健康教育、计划免疫、计划生育指导为主的"六位一体"的连续性、综合性、低成本、高效率、方便群众的卫生服务体系。

3. 乡镇卫生院　是县或乡设立的一种卫生行政兼医疗预防工作的综合性机构，其任务是负责所在地区内医疗卫生工作，组织领导群众卫生运动，培训卫生技术人员，并对基层卫生医疗机构进行业务指导和会诊工作，是农村"三级预防保健网"的重要环节。担负着医疗防疫、保健的重要任务，是直接解决农村看病难、看病贵的重要一关。

4. 村卫生室　顾名思义就是一个村级单位的医疗机构，新医改以后，国家将村级医疗机构统称为村卫生室，并将以前的村卫生室、村卫生所、村医疗点进行合并，形成了现在的每个行政村有一所标准化的村卫生室。

5. 急救中心(站) 是在卫生行政部门领导下,负责指定区域院前急救服务保障的医疗机构,并承担各类突发性事件的现场紧急医疗救援任务。协助公安、消防等应急联动机构对所属人员和社会公众开展急救知识普及宣传和初级急救技能培训等。

6. 血站 是采供血机构,是采集、储存血液,并向临床或血液制品生产单位供血的医疗卫生机构。可分为一般血站和特殊血站,一般血站包括血液中心、中心血站和中心血库,特殊血站包括脐带血造血干细胞库和卫计委根据医学发展需要批准、设置的其他类型血库。

7. 妇幼保健院(所、站) 是建在各市、县、区的,集妇幼保健、医疗、教学、科研于一体的医院,旨在提高为妇女儿童的医疗服务。

8. 疾病控制与预防中心 是由政府举办的实施国家级疾病预防控制与公共卫生技术管理和服务的公益事业单位。目前,我国已建立"中国疾病预防控制中心(China CDC)",并且在各省、自治区、直辖市设立了相应的分支机构。

9. 医疗卫生行政机构 包括人口和计划生育局、卫生监督所(局)、卫生监督检验(监测、检测)所(站)等。主要负责医疗卫生组织的管理建设,贯彻执行国家、省、市的方针、政策和法律、法规,制定相关规范性文件,并负责组织实施。

10. 其他医疗机构 有私营医院、诊所、大型工矿企业医务室、专科疾病防治院(所、站)、医学科学研究机构、医学教育机构等多个类别。

药品行业则主要由食品药品监督管理局监管,包括各类制药厂、药店等。

第二节 医药卫生专业人员分类

在各医疗卫生机构中,高职高专的专业分类主要有临床医学、农村医学、护理、助产、医学影像技术、医学检验技术、口腔医学技术、药学、计划生育技术、人口与计划生育管理、卫生信息管理、医学生物技术、眼视光技术、康复医疗、中医、中医骨伤、中医康复保健等专业人员从事着相关工作。同时,我国众多民族中传承悠久的民间医术也在为救治病人起着举足轻重的作用。为了保证医疗卫生机构的顺利工作和发展,我国对医药卫生类各专业人员的从业条件都有明确的要求和规定。

一、临床医学

1. 修业年限 3～5 年。

2. 毕业生应掌握的知识和应具备的技能、能力

(1) 掌握基础医学中临床医学的基本理论、基本知识。

(2) 掌握常见病诊断处理的临床基本技能。

(3) 具有对急、难、重症的初步处理能力。

(4) 熟悉国家卫生工作方针、政策和法规。

(5) 掌握医学文献检索、资料调查的基本方法,具有一定的科学研究和实际工作能力。

3. 业务范围 本专业毕业生主要到医疗卫生单位、医学科研等部门从事疾病诊治、预防及科研等方面工作。

影像医学、医学检验、口腔医学等专业是研究相关专业诊治和科研等方面的学科,修业 3～5 年毕业后主要进入各类医院从事专科工作。

二、农村医学

1. 修业年限 3年。

2. 毕业生应掌握的知识和应具备的技能、能力

(1) 掌握必需的基础医学和临床医学知识。

(2) 具有卫生保健的基本知识和技术，和应用卫生保健技术开展社区预防、卫生保健工作的能力。

(3) 具有从事计划免疫、预防接种、妇幼保健、老年保健、营养指导、健康检查、急救、慢性病的系统管理以及健康教育、健康促进等工作的能力。

(4) 具有流行病学调查的知识和能力。

(5) 具有制定村镇、社区卫生服务计划并组织实施的能力。

(6) 具有乡村常见病及危重症初步诊治的能力。

3. 业务范围

本专业毕业生主要面向农村医疗机构、社区卫生服务中心(站)、城镇医疗机构保健科、基层企事业卫生机构等，从事乡村常见病防治、卫生保健、防疫和健康教育咨询工作。

三、护理

1. 修业年限 3年。

2. 毕业生应掌握的知识和应具备的技能、能力

(1) 掌握护理学基本理论和必需的基础医学、临床医学、卫生保健等知识。

(2) 具有熟练的基础护理操作技能和各专科护理基本技能。

(3) 具有内、外、妇、儿等各科整体护理的基本技能。

(4) 具有急、危、重病人的初步应急处理和配合抢救的能力。

(5) 具有初级卫生保健和病室管理的初步能力。

(6) 了解人文、社会等与医学相关的知识。

3. 业务范围 本专业毕业生主要面向各级各类医院、疗养院、社区卫生院(所)、企事业单位医务室、保健部门，从事护理、保健护理工作。

中医护理是具有祖国传统医学特色的一个专业，修业3年毕业后主要面向各级中医院、综合性医院、疗养院和基层医疗单位，从事中医护理工作。

四、助产

1. 修业年限 3年。

2. 毕业生应掌握的知识和应具备的技能、能力

(1) 掌握必需的基础医学和临床医学知识。

(2) 掌握基础护理及临床整体护理的基本理论和基本技能。

(3) 掌握遗传、优生优育的有关知识及国家计划生育的政策和法规。

(4) 具有规范地进行妊娠诊断、产前检查、正常接生、产后处理、新生儿处理及健康指导的能力。

(5) 具有对产科急症初步应急处理及对病人进行监护的能力。

(6) 具有规范、熟练地进行常用护理操作的能力。

(7) 具有开展围产期保健、营养与膳食指导、心理护理及计划生育指导的能力。

3. 业务范围

本专业毕业生主要面向城镇社区医疗机构、农村各级医疗机构、妇幼保健机构，从事临床助产、妇产科护理或妇幼保健工作。

五、医学影像技术

1. 修业年限 3年。

2. 毕业生应掌握的知识和应具备的技能、能力

(1) 掌握必需的基础医学和临床医学知识。

(2) 掌握电工及电子技术的基本知识。

(3) 掌握常用医学影像设备的构造和基本原理。

(4) 具有影像摄影、暗室工作、常见病影像诊断和检查的能力。

(5) 具有正确操作、维护一般医学影像设备和排除中、小型影像设备简单故障的能力。

(6) 具有正确、规范操作心电检查仪器的能力。

3. 业务范围 本专业毕业生主要面向各级医疗卫生单位和社区医疗卫生机构，从事放射科、核医学科、超声诊断科、心电检查科等部门的影像技术工作。

六、医学检验技术

1. 修业年限 3年。

2. 毕业生应掌握的知识和应具备的技能、能力

(1) 掌握必需的基础医学和临床医学知识。

(2) 掌握临床医学检验和卫生理化检验的基本知识。

(3) 掌握分子生物学和细胞生物学基本实验技术。

(4) 具有微生物检验、寄生虫检验、免疫检验、生物化学检验与临床医学检验、卫生理化检验的基本技能。

(5) 具有对各种检验结果初步评价的能力。

(6) 具有检验工作管理及质量控制的初步能力。

3. 业务范围 本专业毕业生主要面向各级各类医疗卫生机构、防疫机构、医学科研等单位，从事病原生物、免疫、生物化学检验及临床医学检验、卫生理化检验工作。

七、卫生检验与检疫技术

1. 修业年限 3年。

2. 毕业生应掌握的知识和应具备的技能、能力

(1) 掌握基础医学、公共卫生学和卫生检验方面的基本理论、基本知识和基本技能。

(2) 具有从事专业卫生检验和基本临床检验的实际工作能力。

(3) 具有一定的自学能力、分析问题、解决问题的能力及科研能力。

3. 业务范围 本专业毕业生主要面向各级疾病预防控制中心、卫生监督所、进出口检验检疫局、医院检验科及营养科、各级自来水公司、各级环境监测站、各类食品厂、化妆品厂、技术监督局、药检所，从事各类理化检验、微生物检验、病毒和细菌学检验、样品检测、质量检验和毒理学评价等工作。

八、口腔医学技术

1. 修业年限 3年。

2. 毕业生应掌握的知识和应具备的技能、能力

(1) 掌握必需的基础医学知识。

(2) 掌握口腔医学的基本知识。

(3) 具有熟练制作常用修复体的能力。

(4) 具有制作常用矫治器的能力。

(5) 具有正确使用口腔修复常用材料的能力。

(6) 具有口腔常见病的初步防治能力。

3. 业务范围 本专业毕业生主要面向各级医疗卫生机构、口腔专科医院，从事义齿修复及矫治器制作等工作。

九、眼视光技术

1. 修业年限 3年。

2. 毕业生应掌握的知识和应具备的技能、能力

(1) 掌握必需的基础医学知识、眼科疾病防治与保健知识。

(2) 掌握眼视光技术的专业知识。

(3) 具有较强的验光、配镜、校配的能力。

(4) 具有视功能检查、眼底检查、裂隙灯检查、眼A超与B超检查及初级眼保健的能力。

3. 业务范围 本专业毕业生主要面向基层医疗机构眼科、眼科研究所、眼镜店，从事眼科技术辅助服务、验光等工作。

十、医学生物技术

1. 修业年限 3年。

2. 毕业生应掌握的知识和应具备的技能、能力

(1) 掌握必需的基础医学和临床医学知识。

(2) 掌握有关的化学基础知识及医学实验统计知识。

(3) 掌握实验动物解剖生理、常见病防治、饲养、繁殖的基本知识。

(4) 具有临床医学检验及医学动物实验的基本操作技能。

(5) 具有医学生物技术实验与生产的基本操作技能。

(6) 具有实验样本(标本)的采集、分离、运送的能力及实验结果记录和分析的能力。

(7) 具有病理标本及切片制作的能力。

3. 业务范围 本专业毕业生主要面向生物制品研究所、血液中心、医院中心实验室、医药生物公司、医药工厂、实验动物中心等机构，从事医学生物实验操作、实验动物饲养与管理等工作。

十一、药学

1. 修业年限 3年。

2. 毕业生应掌握的知识和应具备的技能、能力

（1）掌握必需的医学基础知识和药学基础知识。

（2）掌握药物化学、药理、药剂的基础知识和药物制剂工艺、主要生产设备的基本知识。

（3）具有常用药物调剂、制剂及质量检验的基本技能。

（4）具有各种常用药物剂型制备的实际操作能力。

（5）了解药品生产、管理、营销的有关法规，具有药事管理的初步能力。

（6）掌握药品营销的基本知识，具有药品营销的初步能力。

3. 业务范围 本专业毕业生主要面向城乡各级医院、门诊部、企事业单位医疗机构、药品生产及经营企业，从事调剂、常用制剂制备、药品管理、药品生产与检验及销售等工作。

与药学相关的专业有中药专业，修业3年后主要面向各类中药经营、生产单位和医疗单位，从事中药调剂、炮制、制剂、购销、质检或种植等工作；中药制药专业，修业3年后主要面向中药制药企业和医疗单位，从事中药炮制、中成药制作、中成药检验工作，或在中药制药企业中从事炮制、配制、制剂等生产工作。

十二、中医学

1. 修业年限 3～4年。

2. 毕业生应掌握的知识和应具备的技能、能力

（1）掌握必需的中医药基本理论和中医专业知识。

（2）掌握现代医学的一般知识（含预防医学知识）。

（3）具有较熟练的中医临床实践技能。

（4）具有防治常见病的能力和急诊处理的初步能力。

（5）掌握针灸、推拿的基本理论，具有熟练正确运用针灸、推拿等技术治疗临床适应病症的能力。

3. 业务范围 本专业毕业生主要面向乡村医疗卫生机构、城镇社区基层医疗卫生机构，从事中医医疗和预防保健工作。

十三、中医骨伤

1. 修业年限 3～4年。

2. 毕业生应掌握的知识和应具备的技能、能力

（1）掌握必需的中医药基本理论及中医骨伤知识。

（2）掌握现代医学的一般知识。

（3）具有熟练的创伤骨折、脱位、软组织损伤、创伤急救的能力以及常见骨骼系统疾病的中医医疗能力。

（4）具有对常见病的辨证施治能力。

（5）具有一般的卫生宣传、健康指导和预防保健的能力。

3. 业务范围 本专业毕业生主要面向县及县以下各级医疗单位，从事中医骨伤医疗和康复工作。

十四、中医康复保健

1. 修业年限 3年。

2. 毕业生应掌握的知识和应具备的技能、能力

（1）掌握必需的中医药基础知识和中医康复、养生保健的基础知识。

（2）掌握必需的现代医学康复知识。

（3）具有运用中药、针灸、推拿、气功、食疗等方法进行康复保健的基本技能。

（4）具有开展康复、保健、健康指导及卫生宣传教育的能力。

3. 业务范围 本专业毕业生主要面向各级医院康复科、疗养院、康复保健中心、社区康复保健机构、社会福利机构，从事中医康复、保健工作。

十五、康复治疗技术

1. 修业年限 3年。

2. 毕业生应掌握的知识和应具备的技能、能力

（1）掌握必需的基础医学和临床医学知识。

（2）掌握康复治疗和保健的基础知识。

（3）具有进行康复机能评定（包括运动功能评定、日常生活活动能力评定、感知认知能力评定、社会活动能力评定）的能力。

（4）具有进行现代和传统康复治疗的能力。

（5）具有一定的运动康复保健和老年康复保健的能力。

（6）具有康复治疗室管理的初步能力。

3. 业务范围 本专业毕业生主要面向综合医院康复科、康复医院、疗养院、社区康复机构、健康中心、运动队，从事康复治疗和康复保健工作。

十六、针灸推拿

1. 修业年限 3年。

2. 毕业生应掌握的知识和应具备的技能、能力

（1）掌握中医学基础理论、临床医学知识以及必要的现代医学基本知识。

（2）掌握针灸、推拿的基本理论和操作技能。

（3）具有运用针灸、推拿处理临床各科疾病的初步能力。

（4）熟悉国家卫生工作的方针、政策和法规。

（5）了解中医学、尤其是针灸、推拿学的理论前沿和应用前景。

（6）掌握文献检索、资料查询的基本方法，具有初步的科学研究和实际工作能力。

3. 业务范围 本专业毕业生主要面向各级中医院、中医科研机构及综合性医院针灸等部门，从事针灸、推拿医疗等工作。

十七、计划生育技术

1. 修业年限 3年。

2. 毕业生应掌握的知识和应具备的技能、能力

(1) 掌握必需的基础医学和临床医学知识。

(2) 掌握必需的遗传优生和生殖保健的基础知识。

(3) 熟悉我国人口与计划生育的方针、政策和法规。

(4) 具有为群众提供避孕、节育技术服务的能力。

(5) 具有实行计划生育四项手术的能力。

(6) 具有为群众提供优生优育、生殖健康咨询服务的能力。

(7) 具有常见病初步诊断及超声诊断仪应用的能力。

3. 业务范围 本专业毕业生主要面向县、乡计划生育服务站(室)和基层妇幼保健院(所),从事计划生育技术工作。

十八、人口与计划生育管理

1. 修业年限 3年。

2. 毕业生应掌握的知识和应具备的技能、能力

(1) 掌握人口学、社会学的基础知识。

(2) 熟悉我国人口与计划生育的方针、政策和法规。

(3) 具有计划生育宣传教育和做群众工作的能力。

(4) 具有从事人口与计划生育政策法规管理的能力。

(5) 具有从事人口与计划生育统计工作的能力。

(6) 具有指导群众避孕节育、优生优育优教的能力。

(7) 具有计划生育办公室的初步管理能力。

3. 业务范围 本专业毕业生主要面向基层计划生育部门,从事人口与计划生育的宣传教育、文秘、统计规划、组织管理等工作。

十九、卫生信息管理

1. 修业年限 3年。

2. 毕业生应掌握的知识和应具备的技能、能力

(1) 掌握必需的基础医学和临床医学知识。

(2) 掌握病案管理、卫生信息管理、医学图书资料管理的基本知识。

(3) 掌握卫生统计的基本知识,具有熟练的卫生统计与分析的能力。

(4) 具有熟练的病案管理能力。

(5) 具有图书资料管理与文献检索的初步能力。

(6) 具有较强的计算机应用能力。

(7) 具有英语阅读及语言交流的初步能力。

3. 业务范围　本专业毕业生主要面向各级医院、医学信息部门、医学图书馆等部门，从事病案、卫生信息资料、医学图书资料的管理和服务等工作。

二十、医学文秘

1. 修业年限　3年。

2. 毕业生应掌握的知识和应具备的技能、能力

(1) 具有良好的职业道德、人文素养和创新精神，有较强的综合职业能力。

(2) 熟练掌握医疗卫生等机构文秘工作的基本理论、基本知识和基本技能。

(3) 能够运用现代信息技术，具有较强的医疗卫生行政类文书处理能力、日常行政事务处理能力及公共关系能力。

(4) 能够从事行政职能科室及临床业务等科室文秘工作。

3. 业务范围　本专业毕业生主要面向各级医院、社区卫生服务中心、卫生保健机构、卫生行政管理部门、医药公司等机构，从事行政职能科室及业务科室的秘书、文秘宣传等工作。

二十一、少数民族医学

包括藏医学、维医学、蒙医学以及傣医学等少数民族医学专业。

1. 修业年限　3～4年。

2. 毕业生应掌握的知识和应具备的技能、能力

(1) 掌握相关民族医学的基础知识和现代医学的一般基础知识。

(2) 掌握相关民族医药方剂和临床各科诊疗的基本知识。

(3) 具有对常见病、地方病诊疗的能力。

(4) 具有相关民族医药方剂和临床应用的能力，具有该民族常用药炮制的基本技能。

(5) 具有现代医学一般诊疗的初步能力。

(6) 具有社区卫生保健、卫生宣传教育的能力。

3. 业务范围　本专业毕业生主要面向各少数民族聚居地区的农村和基层医疗机构，从事各民族医疗和预防保健工作。

第三节　医药卫生行业准入制度要求

医药卫生事业承担着保证卫生安全，预防控制疾病，促进人民身体健康的重要使命，这是保障社会发展的必要条件。为保证医药卫生行业的顺利有序发展，我国医疗卫生行业有着严格的管理制度，对从业人员更有着严格的要求和准入制度。

各医药机构要求从事卫生专业技术工作的人员，必须是经过正规医学院校教育取得国家教育行政部门认可的正规学历，且从事专业与所学专业一致。对要求持有国家资格证书的岗位，入职者必须考取相应的资格证书，并经上岗培训后，方可准予正式参加独立临床工作。

一、医师准入制度

我国医师准入实行考试制度,按《中华人民共和国执业医师法》相关规定,医师资格统一考试的办法由国务院卫生行政部门制定,医师资格考试由省级以上人民政府卫生行政部门组织实施。

(1)具有以下条件之一的,可以参加执业医师资格考试。

① 具有高等学校医学专业本科以上学历,在执业医师指导下,在医疗、预防、保健机构中试用期满一年的。

② 取得执业助理医师执业证书后,具有高等学校医学专科学历,在医疗、预防、保健机构中工作满2年的;具有中等专业学校医学专业学历,在医疗、预防、保健机构中工作满5年的。

(2)具有高等学校医学专科学历或者中等专业学校医学专业学历,在执业医师指导下,在医疗、预防、保健机构中试用期满一年的,可以参加执业助理医师资格考试。

(3)以师承方式学习传统医学满三年或者经多年实践医术确有专长的,经县级以上人民政府卫生行政部门确定的传统医学专业组织或者医疗、预防、保健机构考核合格并推荐,可以参加执业医师资格或者执业助理医师资格考试。考试的内容和办法由国务院卫生行政部门另行制定。

医师资格考试成绩合格,取得执业医师资格或者执业助理医师资格。取得医师资格的,可以向所在地县级以上人民政府卫生行政部门申请注册。除特殊情形外,受理申请的卫生行政部门应当自收到申请之日起30日内准予注册,并发给由国务院卫生行政部门统一印制的医师执业证书(图3-1)。

图3-1　医师资格证书

医师经注册后,可以在医疗、预防、保健机构中按照注册的执业地点、执业类别、执业范围执业,从事相应的医疗、预防、保健业务。

未经医师注册取得执业证书,不得从事医师执业活动。

二、护士准入制度

我国《护士条例》中明确规定,护士执业,应当经执业注册取得护士执业证书(图3-2)。申请护士执业注册,应当具备下列条件。

图 3-2　护士执业证书

(1)具有完全民事行为能力。

(2)在中等职业学校、高等学校完成国务院教育主管部门和国务院卫生主管部门规定的普通全日制3年以上的护理、助产专业课程学习,包括在教学、综合医院完成8个月以上护理临床实习,并取得相应学历证书。

(3)通过国务院卫生主管部门组织的护士执业资格考试。

(4)符合国务院卫生主管部门规定的健康标准。

护士执业注册申请,应当自通过护士执业资格考试之日起3年内提出;逾期提出申请的,除应当具备第1、2、4项规定条件外,还应当在符合国务院卫生主管部门规定条件的医疗卫生机构接受3个月临床护理培训并考核合格。

护士执业资格考试办法由国务院卫生主管部门会同国务院人事部门制定。

申请护士执业注册的,应当向拟执业地省、自治区、直辖市人民政府卫生主管部门提出申请,护士执业注册有效期为5年。

另外,医学生还可以根据所学专业,结合报考条件,申请参加执业药师、保健按摩师、心理咨询师、育婴员、保育员、养老护理员、中药购销员、医药商品购销员、中药调剂员、美容师、中医刮痧师等资格证书的培训和考试,获得这些证书将对医学生拓宽就业路径和职业发展有很大的帮助。

第四节　医药卫生行业人员职业生涯发展阶梯

职业生涯又称职业发展,指一个人一生的工作经历,特别是职业、职位的变迁及工作理想的实现过程,表示个人在某种职业、事业岗位上所度过的工作活动的整个过程,是一种与工作有关的连续经历。

职业生涯的成败主要取决于本人对终身职业生涯的设想与考虑,即职业生涯规划。确定志向是规划职业生涯的关键,正确设定目标和路线,职业生涯才能有一个良好的发展路径。另外,自我评估和环境分析也很重要,把自身因素和社会条件结合起来,制定包括工作、深造、人文修养等方面的行动计划与措施,职业生涯规划才有实际意义。

医药卫生行业是特殊的行业，关系到人的生命安危，对本行业人员的专业技术和职业道德都有较高的要求。这就要求医学毕业生有勤学、严谨的工作态度，有不辞辛苦、病人为上的奉献精神。因此，医学毕业生不仅要对所从事的职业有设想和规划，还要对今后职业的发展阶梯，职称及晋升有一定的了解。

一、卫生技术人员分类

根据业务性质分为四类（技术职称由低到高排列）。

1. 医疗、预防、保健人员 医士、医师、主治（主管）医师、副主任医师、主任医师。

2. 中药、西药人员 药士、药师、主管药师、副主任药师、主任药师。

3. 护理人员 护士、护师、主管护师、副主任护师、主任护师。

4. 其他卫生技术人员 技士、技师、主管技师、副主任技师、主任技师。

二、职称晋升条件

在政治思想合格并满足指定条件者，可晋升以下职称，胜任相应岗位。

1. 主任医师、主任药师、主任技师、主任护师

（1）精通本科（本专业，下同）理论，掌握国内外本科技术发展情况，并能吸取最新科研成就应用于实际工作（中医药专业须精通中医药理论，对经典医著有所研究）。

（2）有丰富的临床或技术工作经验，能熟练地掌握本科技术操作，解决本科复杂疑难问题。能熟练地掌握一门以上外国语（中医、中药人员暂不作为必备条件），并有较高水平的科学论文或著作。

（3）善于指导本科全面业务，能为医疗、教学和科研培养出高级人才。

2. 副主任医师、副主任药师、副主任技师、副主任护师

（1）通晓本科理论，了解国内外本科技术发展情况，并能吸取最新科研成就用于实际工作（中医药专业须通晓中医药理论，熟悉经典医著）。

（2）有丰富的临床或技术工作经验，能熟练地掌握本科技术操作，解决本科复杂疑难问题。能掌握一门外国语（中医、中药人员暂不作为必备条件），并有一定水平的科学论文或著作。

（3）能够指导本科全面业务，能为医疗、科研和教学培养高级人才。

（4）从事本科主治医师（或相当职务）工作 5 年以上。

3. 主治（主管）医师、主管药师、主管技师

（1）熟悉本科理论和具有较系统的专业知识，能熟练地掌握本科实际技术操作。

（2）有较丰富的工作经验，能处理本科复杂问题。能阅读一门外文专业书籍（中医、中药人员暂不作为必备条件）。

（3）具有一定的科学研究、教学和指导下级卫生人员的能力。

（4）从事医师（或相当职务）工作 5 年以上。

4. 医师、药师、技师、护师

（1）熟悉本专业理论和基础医学知识，具有一定的实际技术操作能力。

（2）能独立处理本科常见病或解决常用业务技术问题，并能对中、初级人员进行业务指导，能初步阅读一门外文专业书籍（中医、中药人员暂不作为必备条件）。

(3) 高等院校毕业或从事本科医士工作(或相当职务)5 年以上或有高中文化程度,从师学习 5 年(初中文化程度须 7 年)以上,并经考核合格者。

5. 医士、助产士、药剂士、技士、护士

(1) 了解本专业基本理论,并有一定的实际技术操作能力。

(2) 能担任本科一般常见病防治或一般常用业务技术工作,并能对初级人员进行业务指导。

(3) 中等技术学校毕业或中医药学徒出师、初中文化程度独立从事本科工作 3 年以上,并经考核合格者。

在卫生、医疗工作中成绩卓著,有重要发明创造,或科学技术上有独特专长,或西医学习中医并坚持走中西医结合道路,为创造我国统一的新医药学作出贡献者,可提前或越级晋升。

典型案例

小王,某医学院临床专业的毕业生,毕业后考取当地的一所医院,家人以他为荣,朋友同学羡慕有加。工作中,小王能吃苦,处处为病人着想,受到了病人和同事的好评,每个月的薪水也颇高。但在一年后的医师资格考试中,小王暴露了理论知识不扎实的弱点,当年没有顺利拿到医师资格证书。医院鉴于小王工作中的表现,继续留用,但没有处方权,不能单独从事临床工作。很遗憾的是第二年的医师资格考试,小王仍然没有通过。到这时医院不得不辞退他。小王就这样丢掉了一个众人羡慕的高薪工作。这个案例告诉我们,唯有扎实的理论知识和过硬的专业技术才能在医药行业中站稳脚跟,国家的准入制度就是要保证医药卫生行业的人才质量,如此人民的健康才能有保障。

三、其他医药卫生职业准入制度

我国的医药卫生行业中除了医生和护士有严格的准入制度外,其他很多专业也都有严格的准入制度。

国家中医药管理局办公室下发了《关于开展中医养生保健服务机构准入试点地区申报工作的通知》,《通知》在全国范围内选择部分地级市、市辖区和一些县(市)开展中医养生保健服务机构准入试点工作。从事中医养生保健服务的工作人员应具备国家有关部门颁发的相应资质证书。中医院校毕业生需经县级以上卫生行政部门组织或其认可的机构培训并考核合格方可从业。

国务院印发的《国家药品安全“十二五”规划》指出,“十二五”期间,国家将提高医药产业准入门槛,建立从业人员诚信档案,对严重违规和失信的企业和从业人员实行行业禁入,同时推动制订执业药师法,加大执业药师配备使用力度。

第五节　其他就业去向

典型案例

小王从某医专学校毕业,考入一所县级医院工作后,想进一步提高学历,询问医院人事部门,说只承认全日制本科学历,小王所在的县城没有医学类的本科办学点,如果参加成人高考到省城脱产学习,医院将解除劳动合同,小王很苦恼。

一、“专升本”的类型及特点

(一) 为什么要专升本

本科学历相对于专科学历，从求职、人事晋升、工资定级、考证、考公务员、职称评定、办理人才引进居住证等各方面都存在着优势。

求职：很多单位，特别是国家机关、事业单位、国企、外企，招聘的基本要求是“本科学历”，没有本科学历即使专业技术能力再突出也会受到限制。

晋升：本科学历被提升的概率比专科大，很多人在做了几年技术人员之后势必都会向管理层发展，而中层以上的管理者基本上须为本科以上学历。

工资定级：同样的单位，同样优秀的员工，本科学历员工的工资比专科高一档次，一般在500元以上。

考资格证、考公务员及职称评定：部分国家职业资格证和公务员考试报考都要求为本科以上学历，所有高级职称的评定也需要本科以上学历。

所以不管是求职、晋升还是后续的成长，学历一直伴随着我们。在知识经济时代，学历是每个人职业生涯的敲门砖，学历越高机会越多，发展空间也越大。

(二) 专升本的主要类型

1. 普通高校专升本(推荐) 招生对象为本省应届专科(高职)毕业生。普通高校专升本按国家规定专升本入学后，按本科院校学生学籍进行管理。其各项收费按升入学校的本科同专业学生收费标准收取。毕业后由学校统一颁发毕业证书。学习期满且成绩合格的学生，可根据《中华人民共和国学位条例》及有关规定申请授予相应的学士学位。

注意：

(1) 普通高校专升本纳入国家统一招生范畴，是“国家统招”。

(2) 只有应届生才能参加，往届生不能参加。

(3) 报名者一般需要英语和计算机考试通过并取得相应证书。

(4) 目前只能报本省内高校，医学类要求专科所学的专业和要报考的本科专业一致。

毋庸置疑，普通高校专升本是最可取的一种升本方式，是人们通常所谓的“正规军”，只要参加统一的入学考试，被录取后即可电子学籍注册，在校期间各项管理及毕业证书、学位证书都和高考直接进入本科的学生一样。而且入学考试医学类只有高等数学、医学综合、公共英语三门课程，相对于其他类型的专升本要通过十几门国家统考，从某种程度上来说，是最容易和稳妥的方式。

每年的专升本招考计划可在各省教育厅网站查询，或直接搜索引擎中输入“云南省××××年普通高等学校本科招收应届专科毕业生升学统一招生考试试行办法”查询。

2. 网络远程教育专升本 招生对象为已获得专科毕业证书的学生。网络教育属国民教育系列，国家承认网络教育的毕业证书和学位证书，毕业证书有电子注册号。网络教育是近年崛起的新型教育模式，对无缘全日制高校而又想接受高等教育的求学者来说，网络教育具有弹性学制、互动学制、学费实惠、报考简单等独特的优势。

注意：网络远程教育模式必须通过教育部规定的英语和计算机基础统考才能毕业。

3. 成人高考专升本 招生对象为已获得专科毕业证书的学生。专科毕业后，可通过全国成人高考中的专升本考试进入成人院校学习，一般包括业余、脱产、函授、夜大。考试时间一般在10月。成人高考专升本毕业后由学校颁发毕业证书，证书上注有“成人”二字，国家承认学历，达到一定要求者可获得学位证书。

成人高考因入学需要参加全国统考，增加了一层门槛。录取后需要边工作边学习，由于成人教育大多是面对面授课，大多学校对出勤的管理比较严格，将出勤率与考试成绩挂钩，很多同学通常因工作原因无法兼顾。有些学校采用课程学习班的形式，在校期间即可参加本科课程学习，毕业后参加成人高考，通过后取得学籍，之前的学科和学分都予以承认，可不必集中授课。

4. 自学考试专升本 高教自考中有独立本科考试，每个专业有10多门课程，通过所有课程可获得国家承认本科学历。自学考试独立本科毕业后，由主考院校颁发毕业证书，由自学考试办公室和主考院校分别盖章，国家承认学历，达到一定要求者可获得学位证书（比例较低）。自考是全国考试，更重要的是自考有很多门，不管是理论考试课、还是实践课、还是毕业论文，只要有一样不及格，就拿不到毕业证，较为难考（当然自考的补考次数是不限的）。所以，虽然有许多人报自考，也考及格了许多门课，却往往因为个别课考不及格，一直拿不到毕业证，参加工作后一忙，就不会顾得上了，而且自考学分的有效期为6年，6年内不能全部通过，学分将被清空。很多人考很多年也拿不到毕业证，不得不中途放弃了自考。

不管何种形式，有志升本的同学应全面了解利弊（表3-1），并结合自己的实际情况，慎重选择，早做准备！

表3-1 关于普通“专升本”与其他“专升本”的比较

区别点	普通高校“专升本”	其他“专升本”
1. 性质不同	普通高校性质	成人教育性质
2. 社会认可度高低	国家承认，社会认可度高	国家承认，社会认同度不一
3. 难度不一	全省统考，录取比例占专科生5%	自考专升本——不限比例，但各科均难 成人专升本——全国统考 网络专升本——不统考
4. 档案	普通高校管理	个人自理
5. 公费医疗	有	无
6. 学习形式	脱产	多样化
7. 毕业证书	普通高等学校教育证书	普通高等学校教育证书（注字：成人、远程）
8. 关于就业	就业指导	个人

二、应征入伍

（一）征集对象范围

征集的普通高校应届毕业生是指根据国家规定批准设立、实施学历教育的普通本科、高职高专等全日制公办或民办学校应届毕业生。往届毕业生、成人教育、各类非学历教育、培训类学校及自考类学校学生不包括在高校应届毕业生范围之内。征集的普通高校应届毕业生以男性为主,女性应届毕业生征集根据军队需要确定。

(二)征集对象的政治、体格和年龄条件

征集对象的政治条件,按照公安部、总参谋部、总政治部2004年10月9日公布的《征兵政治审查工作规定》和有关规定执行;体格条件,按照国防部2003年9月1日公布的《应征公民体格检查标准》和有关规定执行。

高职高专应届毕业生为当年年满18至23周岁,本科及以上应届毕业生放宽到24岁。

(三)普通高等学校应届毕业生应征入伍流程

从2013年开始,全国征兵时间从冬季调整到夏秋季,有应征意向的高校毕业生可在夏秋季征兵开始之前登录“大学生应征入伍网上报名平台”(网址为http://zbbm.chsi.com.cn或http://zbbm.chsi.cn)进行报名,填写、打印《应届毕业生预征对象登记表》和《高校毕业生应征入伍学费补偿国家助学贷款代偿申请表》(以下分别简称《登记表》、《申请表》),交所在高校征兵工作管理部门。

毕业生离校前,在高校参加身体初检、政治初审,符合条件者确定为预征对象,高校协助兵役机关将《登记表》和《申请表》审核盖章发给毕业生本人,并完成网上信息确认。初审、初检工作最晚在7月15日前完成。

高校应届毕业生可在学校所在地应征入伍,也可在入学前户籍所在地应征入伍。组织高校应届毕业生在学校所在地征集的,结合初审、初检工作同步进行体格检查和政治审查,在毕业生离校前完成预定兵,9月初学校所在地县(市、区)人民政府征兵办公室为其办理批准入伍手续。在入学前户籍所在地应征入伍的,高校应届毕业生7月30日前将户籍迁回入学前户籍地,持《登记表》和《申请表》到当地县级兵役机关参加实地应征,经体格检查、政治审查合格的,9月初由当地县(市、区)人民政府征兵办公室办理批准入伍手续。

(四)普通高等学校应届毕业生入伍服义务兵役鼓励政策

1. 优先征集 优先报名应征,优先体检政审,优先审批定兵,优先安排使用。

2. 优待政策 由中央财政提前下拨预算,保证学费补偿、国家助学贷款代偿及时发放到位;入伍大学生按规定享受优待政策,优待金由批准入伍地发放,其家庭享受军属待遇,由户籍所在地负责落实相关优待。

3. 选用培养

(1)选为士官:对于符合士官选取条件的士兵,同等条件下具有全日制大专毕业以上学历的要优先选取;师(旅)级单位范围内相同专业岗位的士兵,在任职能力相当的情况下,应优先选取高学历士兵。

(2)士兵提干:对于表现优秀,在服役时间、现实表现、政治要求、军事素质、年龄及身体心理等方面符合部队有关规定,具有普通高校本科以上学历,取得相应学位的高校毕业生可选拔为军官,具体办法按照《从大学毕业生士兵中选拔军官暂行办法》等有关规定执行。

(3)报考军校:具有全日制专科学历的毕业生士兵可以参加全军统一组织的本科层次招生考试,录取的入有关军队院校学习,学制两年,毕业合格的列入年度预备干部毕业学员分配计划。

(4)保送入学:大学毕业生士兵参加优秀士兵保送入学对象选拔,年龄放宽1岁,同等条件下优先列为优秀士兵保送入学推荐对象,选拔办法按照优秀士兵保送入学有关规定执行。

4. 考试升学

(1) 退役后报考政法干警招录培养体制改革试点招生的，教育考试笔试成绩总分加10分。

(2) 具有高职(高专)学历的，退役后免试入读成人本科，或经过一定考核入读普通本科。

(3) 普通高校应届毕业生应征入伍服义务兵役，退役后三年内参加全国硕士研究生招生考试的，初试总分加10分，立二等功及以上的，退役后免试(指初试)推荐攻读硕士研究生。

5. 就业服务

(1) 按照国家规定发给退役金，由安置地的县级以上地方人民政府接收，根据当地实际情况，可以发给经济补助，安置地的县级以上地方人民政府应当组织其免费参加职业教育、技能培训，经考试考核合格的，发给相应的学历证书、职业资格证书并推荐就业。

(2) 报考公务员、应聘事业单位职位的，在军队服现役经历视为基层工作经历，同等条件下优先录用或聘用，国有企业在新招录职工时，应拿出一定数量的工作岗位择优招录大学生退役士兵，基层专职武装干部重点招录退役大学生士兵。

(3) 参加户籍所在地省级毕业生就业指导机构、原毕业高校就业招聘会，享受重点推荐、就业指导等就业服务。

(4) 高校应届毕业生入伍服义务兵役退出现役后一年内，可视同当年的高校应届毕业生，凭用人单位录(聘)用手续，向原就读高校再次申请办理就业报到手续，户档随迁(直辖市按照有关规定执行)。

国家鼓励大学生应征入伍服义务兵役，可登录 http://zbbm.chsi.com.cn/help/50.jsp 了解详情。

三、"三支一扶"

"三支一扶"，是指大学生在毕业后到农村基层从事支农、支教、支医和扶贫工作。其政策依据是国家人事部2006年颁布的第16号文件《关于组织开展高校毕业生到农村基层从事支教、支农、支医和扶贫工作的通知》，其目的在于为高校毕业生向基层单位落实就业问题提供具体的指导和保障。2013年云南省招募"三支一扶"岗位计划为1 163名，其中：支教334名、支医617名、支农212名。

(一) 报考条件

"三支一扶"招募对象是年龄30周岁以下全日制普通高校大专以上学历的应届和往届未就业毕业生。基本条件为：

政治素质好，志愿到农村基层服务；具有招募岗位所需要的专业知识；具有敬业奉献精神，作风踏实，吃苦耐劳；身体条件符合岗位需求。

同时各地"三支一扶"考试报考条件并不一致，具体大家请关注各地人事考试网以及三支一扶招募网。

(二) 工作时限和服务政策

工作时间一般为2年，工作期间给予一定的生活补贴。工作期满后，自主择业，择业期间享受一定的政策优惠。

(1) 原服务单位有职位空缺或有相对应的自然减员需补充人员时，要聘用服务期满考核合格的"三支一扶"大学生。相关事业单位公开招聘工作人员，应拿出不低于40%的比例，聘用具有 2 年以上基层工作经历的高校毕业生，在同等条件下要优先聘用“三支一扶”大学生。

(2) 对于准备自主创业人员，可享受行政事业性收费减免、小额贷款担保和贴息等有关政策。

(3) 服务期满且考核合格的“三支一扶”毕业生可以享受一定的政策加分或同等条件优先录用。

(4) 到西部地区和艰苦边远地区服务 2 年以上，服务期满后 3 年内报考硕士研究生，同等条件下优先录取。

(5) 服务期满考核合格的“三支一扶”大学生，根据本人意愿可以回到原籍或到其他地区工作，凡落实了接收单位的，接收单位所在地区应准予落户。

(6) 进入国有企事业单位时，由接收单位按照所任职务比照同等条件人员确定其职务工资标准，其服务期限计算为工龄，在今后晋升中高级职称时，同等条件下优先评定等。

云南省 2013 年“三支一扶”大学生招募公告及岗位需求表，可登录云南人力资源和社会保障网(www. ynhrss. gov. cn)、云南人事考试网(www. ynrsksw. cn 或 www. ynrsksw. net)或云南人才网(www. ynhr. cn)查询(表 3-2)。

表 3-2　云南省各地州“三支一扶”协调管理办公室联系电话

单位名称	联系电话
昆明市“三支一扶”协调管理办公室	0871-3362388
昭通市“三支一扶”协调管理办公室	0870-2121586
曲靖市“三支一扶”协调管理办公室	0874-8967943
玉溪市“三支一扶”协调管理办公室	0877-2071326
保山市“三支一扶”协调管理办公室	0875-2233767
红河州“三支一扶”协调管理办公室	0873-3732130
文山州“三支一扶”协调管理办公室	0876-2121413
普洱市“三支一扶”协调管理办公室	0879-2124535
西双版纳“三支一扶”协调管理办公室	0691-2122475
大理州“三支一扶”协调管理办公室	0872-2316369
德宏州“三支一扶”协调管理办公室	0692-2134004
丽江市“三支一扶”协调管理办公室	0888-5156861
怒江州“三支一扶”协调管理办公室	0886-3628669
迪庆州“三支一扶”协调管理办公室	0887-8226003
临沧市“三支一扶”协调管理办公室	0883-2128062

给在校医学生的几点建议

1. 了解所学专业的学科特点，培养学习兴趣，并根据自身条件制定专业发展的方向和目标。

2. 努力学习，刻苦钻研，毕业时应该具备所学专业毕业生应该具备的基本素质和专业技能，为职业发展奠定坚实的基础。

3. 了解医药行业准入制度，遵守相关法规，获得行业资格证书方能发挥个人的专业才华。

4. 作为医学生要有“医术、医德并重”的理念，要有社会责任感、使命感，要有关爱病人、珍爱生命的情感，要树立忠于职守、热爱本职工作、兢兢业业为人民服务的敬业精神。

思考题

1. 我国医药卫生机构的类型有哪些？
2. 我国医药卫生行业的分类有哪些？
3. 我国医疗和护理人员的准入制度分别是什么？

第四章　医学类毕业生就业形势

章首语

医学类毕业生，因专业性较强，就业准入门槛相对较高。本章旨在帮助毕业生通过对就业形势的分析，结合新医改的发展方向，调整毕业就业定位，构建专业知识体系，提升就业竞争力，根据人职匹配的原则，找到最适合毕业生自己的就业岗位。

学习目标

1. 了解医药院校毕业生的就业特点。
2. 理解就业制度改革对就业带来的影响。
3. 根据新医改的发展目标确立就业定位。

第一节　我国医学类院校毕业生就业形势

一、医药院校毕业生的就业特点

根据云南省教育厅公布的普通高校毕业生就业情况显示，近年来普通高校医药类专业毕业生就业呈现如下一些特点。

1. 毕业生人数逐年增加　由于受高校扩招和医药院校数量增加，以及非医学类学校涉医药类专业招生人数增加的影响，普通高校医药类专业毕业生人数逐年增加（表 4－1）。

表 4－1　2011—2013 年云南省医药院校及综合院校涉医药类专业毕业生人数统计表

学历层次	2011 年	2012 年	2013 年
研究生	676 人	863 人	974 人
本科生	3 950 人	4 421 人	5 277 人
高职高专	3 309 人	4 490 人	5 867 人
合计	7 935 人	9 774 人	12 118 人

2. 年终就业率较高　尽管毕业生人数有所增加，但由于近年来我国医药卫生事业发展迅速，基层对卫生服务人员的需求持续旺盛，所以普通高校医药类专业毕业生保持了较高的年终就业率（表 4－2）。

表 4-2　2011—2013 年云南省医药院校及综合院校涉医药类专业毕业生年终就业率统计表

学历层次	2011 年	2012 年	2013 年
研究生	96.89%	98.61%	95.07%
本科生	95.62%	96.18%	96.70%
高职高专	98.18%	97.97%	98.50%

3. 就业的专业对口率较高　由于医药类专业毕业生专业性较强，所以就业的专业对口率较高。麦可思发布的《2010 年中国大学生就业报告》显示，本科院校毕业生专业对口率是 67%，而医药类专业毕业生专业对口率分别是：麻醉学 100%、医学检验 95%、护理学 94%、口腔医学 93%、临床医学 91%、药学 87%、预防医学 91%、药物制剂 82%、中医学 77%；专科院校毕业生专业对口率是 57%，而医药类专业毕业生的专业对口率分别是：临床医学 78%、医学检验技术 96%、护理学 87%、口腔医学技术 83%、中医学 83%、药物制剂技术 87%、药学 82%、医药营销 59%、中西医结合 66%、医学美容技术 76%。

由此可见，无论是本科还是专科的医药类专业毕业生，就业的专业对口率都高于其他专业的平均值。而云南由于地处边疆，缺医少药现状更突出，专业对口率还要高于全国的平均值。特别是养老、医疗器械、影像技术、食品药品检验等新兴行业对专业人员的需求空间还很大，医药类专业毕业生就业的多元化、专业化水平还会日益提高。

4. 存在就业的区域性和行业性差异　以曲靖医学高等专科学校和楚雄医药高等专科学校为例，目前临床医学专业主要在基层县、乡（镇）级和社区医院、企业医院、民营医院就业；护理专业主要在县级以上医疗卫生保健机构就业；医学影像技术、医学检验技术等医技类专业主要在县级以上医院就业；药学类专业主要在省会城市及周边州市的医院、药品生产和经营企业就业；新兴专业，如眼视光技术、口腔医学技术等专业则以省内外大城市外企、私营企业就业；卫生检验与检疫技术、公共卫生管理、医疗保险实务、药物分析技术、医学生物技术等专业，分散在各级涉医药卫生机构就业。

随着城市化进程的推进，城市的发展给毕业生带来了更多的机遇。大城市就业机会多，但工作生活压力也相对较大；县、乡（镇）就业机会也多，毕业生容易受到重视，工作生活压力相对较小，但工作生活条件较城市艰苦。

5. 专科层次医药院校毕业生就业面临的结构性矛盾突出　一是医药行业就业准入的门槛高和专科层次医药院校毕业生就业期望值高之间的矛盾，二是基层和民营医疗卫生机构的持续需求与多数医药院校学生在毕业初期不愿主动下基层或到民营医疗卫生机构就业的现实需求之间的矛盾。

二、就业制度改革对就业趋势的影响

（一）高校毕业生就业制度改革

1. 从统包统分到自主择业　1977 年恢复高考以来，我国高校毕业生就业制度经历了从计划经济体制下由国家“统包统分”向社会主义市场经济体制下“国家政策指导，毕业生自主择业”的转变，基本形成了“市场导向、政府调控、学校推荐、学生和用人单位双向选择”的就业制度，建立起了具有中国特色的适应社会主义市场经济体制和高等教育大众化要求的一整套毕业生就业体制和政策体系。

1993 年，中共中央、国务院颁布的《中国教育改革和发展纲要》，明确了高校毕业生就业制度改革的目标，即：改革高等学校毕业生“统包统分”和“包当干部”的就业制度，实行少数毕业生由国家安排就业，多数毕业生由学生“自主择业”的就业制度。1994年以后，大学生就读和择业已基本与市场经济体制接轨，读大学需要自己分担教育成本，国家再不包分配，大学毕业自谋职业。1999年，大学开始扩招，同时教育部提出在劳动人事制度配套改革的基础上，逐步做到大学毕业生就业由就业市场调节，全部不包分配。1999年大学招生人数比上年增加了42%，以后逐年增加。大学生再也不是稀缺资源，医学生也不再是“抢手的香饽饽”。2006年以后，大学生就业难的问题开始凸现，到2013年，中国的词汇中新增一词“最难就业季”。

2. 就业准入制度的建立 2000年7月1日，由劳动和社会保障部发布的《招用技术工种从业人员规定》正式实行，在全社会实行学业证书与职业资格证书并重的制度。职业资格证书分从业资格证书和执业资格证书两种，从业资格证书是建立在从业资格确认的基础上，由各省市区人事部门会同当地业务主管部门组织，通过学历认定或考试合格取得的证书，它代表担任本专业技术岗位工作的合格资质；执业资格证书是国家授予执业资格考试合格人员的专用证书。目前与医学相关的职业资格证书有执业医师资格证书、药剂人员资格证书、护士执业资格证书和检验人员资格证书等，各专业持证上岗是最基本的要求。

3. 就业工作的重心的转移 与高校毕业生就业制度改革的逐步推进相适应，就业工作的重心也逐渐从原来的计划分配逐步向努力构建良好的就业环境、积极开拓就业市场、为毕业生就业提供更加完善细致的服务、促进大学生顺利就业的方向过渡。1997年国家教育委员会首次提出要“建立全国高校毕业生就业计算机信息网络，实现毕业生就业信息管理手段的现代化”。2007年，国务院办公厅发出《关于切实做好2007年普通高等学校毕业生就业工作的通知》，明确提出“把加强对高校毕业生的就业信息服务作为重点内容，积极开展高校毕业生就业全面服务年的各项活动”。日前高校毕业生就业工作已提到国家人才战略和人力资源强国战略的高度，就业工作的中心已逐渐从提高就业率转变为促进高品质和高质量的就业上来。

（二）目前就业制度政策对大学生就业的影响

从计划经济体制下的“统包统分”到市场经济条件下的“双向选择，自主择业”。我国大学生就业制度改革经历了近20年的发展时间，对高等教育体制改革起到了积极的促进和推动作用。就业制度改革对大学生择业、就业的行为及观念的影响也是极为深远的。“统包统分”制度下的大学生就业行为以服从为主，国家根据社会经济发展需要，安排大学招生计划和毕业生需求计划，大学生毕业后几乎不存在过多的个人选择，就直接到工作单位报到。“双向选择，自主择业”的就业制度，要求学生在校期间在学好专业知识、技能的基础上，尽早开展职业生涯规划，尽早把握行业用人准入标准，尽早明确职业目标，构建相应的知识能力，在就业时不能“等、靠、要”和挑肥拣瘦，要主动出击，寻找就业机会，尽早实现就业。

在就业制度改革的过程中，国家为了全面促进大学生的就业工作，出台了不少与高校毕业生有关的就业政策和措施，特别是有关档案、户籍、就业协议书等方面的管理规定。但由于就业政策制度涉及面广，其中一些现行的政策制度对大学生就业的影响不容忽视。

1. 户籍制度的制约 生源问题（户口）关系到指标控制管理、就业方案管理等一系列就业管理的内容，直接影响毕业生就业的地区选择。随着党的十八届三中全会《中共中央关于全面深化改革若干重大问题的决定》的落实和促进大学生就业工作的推进，国家所有制将逐步退出一些产业领域，户籍制度的制约作用会逐渐削弱。

2. 档案管理制度的影响 在我国，人事档案是个人身份的象征，随着个人的成长而逐渐形成，终其一生。档案在转递过程中常常因为这样那样的原因发生送达迟延甚至丢失的现象。对于青年学子，人事档案作为个人青少年时期的见证和记录，是真正的学习经历和成长历程的书面证明。档案里面各个时期的学籍卡、成绩单、各方面的评语、获奖证明、还有个人的党团材料，都是重要的原始材料，不可复制。成长中的光彩万千和青春岁月，都以档案形式永远记录。如果青年学子不关心自己的档案，将其看作"鸡肋"随处丢弃，将会给未来的发展带来巨大的麻烦。

3. 就业协议的作用 就业协议俗称"三方协议"，即由毕业生、用人单位和高校三方所签订的确定相互权利义务关系的协议。

根据《中华人民共和国宪法》和《中华人民共和国劳动法》的相关规定，就业是劳动者和用人单位的自主、自愿行为，在符合法律规定的前提下，其他任何个人和单位都不应该进行干涉、限制。虽然三方协议，即《普通大中专学校毕业生就业协议书》，不是劳动合同，但它是劳动者和用人单位在缔结劳动合同过程中的一个阶段性凭证。作为劳动合同的基础，"就业协议书"与随后订立的正式劳动合同是密不可分的。

早规划，早就业。在校学生问卷调查结果表明，主动关心就业问题的学生不足三成，特别是低年级学生更是认为才进学校就提就业问题显得遥远，从而错过了根据职业规划做好在校学业规划的最佳时机。提早做出自己的职业生涯发展规划，明确未来的就业方向，抓紧在校期间培养自己的就业能力，是实现快速就业、高质量就业的关键。

三、医药卫生体制改革对就业的影响

（一）医药卫生体制改革

2009 年 3 月，中共中央、国务院颁布了《关于深化医药卫生体制改革的意见》及近期重点实施方案，按照保基本、强基层、建机制的基本原则，全面启动深化医改工作，明确了到 2020 年我国医药卫生体制改革的基本框架，描绘了我国医疗卫生事业改革的宏伟蓝图，为医学生就业指明了方向。该意见还提出，要加强基层医疗服务体系建设，加大对基层医疗卫生人才的培训力度，提高基层医疗服务的水平和质量，使广大群众不出乡村社区就能够就近得到比较好的医疗服务，切实缓解"看病难、看病贵"问题。为实现这一目标，我国的医疗卫生事业在未来一段时间内，将不断完善公共卫生服务体系、医疗卫生服务体系、医疗保险体系和药品供应保障体系等四大体系。

2012 年年底出台的《云南省医疗机构设置规划指导意见》，明确指出云南将在农村建立以县级医院为龙头、乡镇卫生院为骨干、村卫生室为基础的服务网络；在城市建立以社区卫生服务机构省、州（市）级区域医疗中心和专科医院为基础，门诊部、诊所等为补充的新型城市医疗卫生服务体系。同时，将积极鼓励社会资本举办医疗机构，使云南医疗服务体系实现层次清楚、布局合理、结构优化、功能齐全、效益显著的目标。

2013 年 10 月国务院印发了《关于促进健康服务业发展的若干意见》，提出力争到 2020 年，基本建立覆盖全生命周期、内涵丰富、结构合理的健康服务业体系，健康服务业总规模达到 8 万亿元以上。明确了今后一个时期发展健康服务业的主要任务：一是大力发展医疗服务。二是加快发展健康养老服务。三是积极发展健康保险。四是全面发展中医药医疗保健服务。五是支持发展健康体检咨询、全民体育健身、健康文化和旅游等多样化健康服务。六是培育健康服务业相关支撑产业。七是健全人力资源保障机制，加大人才培养和职业培训力度，促进人才流动。八是夯实健康服务业发展基础，推进健康服务信息化，加强诚信体系建设。

（二）医药卫生体制改革对就业的影响

我国致力于实现"人人享有基本医疗卫生服务"的目标，需要大量的基层医药卫生人才，这为医药类专业毕业生的就业提供了广阔的就业市场。面对这种形势，医药类专业毕业生要转变就业观念，树立服务基层、扎根基层的意识，坚信在基层这片肥沃的土壤里定能实现人生的价值。

随着人们对公共卫生服务需求的不断增加，疾病预防、健康教育、妇幼保健、精神卫生、卫生监督等方面，越来越受到老百姓的关注和重视。未来的医药卫生人才必须拓展知识领域，厚基础、宽专业、高能力、重人文。

到 2020 年，我国将坚持非营利性医疗机构为主体、营利性医疗机构为补偿，公立医疗机构为主导、非公立医疗机构共同发展的办医原则。为此医药类专业毕业生的就业去向将从单一的公立医院，向公立医院与民营医院、合资医院并轨转化。

医疗保障体系的建设，各种商业健康医疗保险行业的兴起，多样化健康服务的开展，使得具备医疗知识背景的医学生成为医疗保障体系的建设者，这为医学生提供了又一片广阔的就业天地。

药品供应保障体系的建设，使医药营销企事业更加青睐于既有医药专业知识，又有营销、管理等知识的复合型人才，为医药类专业的毕业生搭建了宽广的发展舞台。

住院医师规范化培训制度，要求医学生毕业后必须经过 1～3 年住院医师规范后培训，才能被医疗机构聘为临床医生。这一措施的推出，对提高医师医疗水平打下了坚实的基础，也意味着未来从医的门槛将越来越高。

云南省医疗卫生机构的设置可划分为：省卫生厅直属医疗卫生机构；州市级医疗卫生机构；"三级医疗卫生服务网"：县乡（镇、社区）村医疗卫生机构；民营医疗卫生机构。对于专科层次的医药类专业毕业生而言，要把就业视野放在基层，面向"三级医疗卫生服务网"和民营医疗卫生机构实现就业。

第二节　医药卫生人才的需求趋势

通过对就业形势的分析，未来几年医药卫生人才的需求呈现如下趋势。

（一）更加注重医药卫生人才的质量

人力资源质量是提高医疗水平的关键因素，随着医疗改革的深入，将更加注重医药卫生人才的质量。

为实现 2020 年医疗卫生服务的总体目标，国家正在实施医药卫生人才培养的"质量工程"，如住院医师规范化培训制度、卓越医师培养制度等。医药类专业毕业生要积极参加这些人才培养计划，以适应社会的需求，早日成为优秀的医药卫生人才。据麦可思人力资源信息管理公司调查，2010 年读研比例最高的本科专业前 50 位中有 8 个是医药类专业，分别是口腔医学、临床医学、预防医学、药物制剂、麻醉学、制药工程、药学和中医学等。因此，对于本科及以下学历医药类专业的毕业生而言，如果不及时提升自己的学历水平，求职之路将越来越窄。

（二）要求医药卫生人才从单一专业向一专多能转变

人类疾病谱的改变、信息技术的发展和经济全球化的到来，对医疗卫生人才提出了更高的要求。对医护人员来说，不仅要有扎实的专业技术，还需要掌握社会学、心理学、信息学、外语等相关知识和能力，这也是适应现代医学模式转变的职业素养要求；对药物生产和研发人员来说，除了具备深厚的药学专业知识外，还要懂得法律法规、营销学、伦理学等知识。对卫生管理人员也是如此，医学、管理学、经济学等都要精通。单一专业的人才已难以胜任医学发展的需求，这就要求医药类专业的学生在校期间不仅要夯实专业基础，还要培养各方面的知识和能力。

（三）医药卫生人才将从城市流向基层、农村

随着社区服务中心、农村医疗服务站在疾病防御、健康教育、妇幼保健、精神卫生、卫生监督等作用的凸显，社区、农村医药卫生人才需求将大量增加。作为医药类专业的学生一定要高度重视政府医疗卫生制度改革的大趋势，调整心态，关注基层医疗、公共卫生服务事业的发展，以积极的心态投入到上述服务事业的发展中去，充分发挥自己的医学特长，服务大众。

（四）交叉学科兴起，就业渠道将进一步拓展

在医学模式由传统的生物—医学模式向生物—心理—社会医学模式转变的过程中，医学与其他学科产生了交叉和融合。新兴学科应运而生，同时催生了众多新职位，如保健、康复、美容、医药代表，家庭护理、临终关怀、养老院护理等。这些新职业进一步拓宽了医药类专业毕业生的就业渠道。医药英才网最新发布的一份人才需求报告数据显示，2010 年上半年，中国医药行业人才需求较去年同期上涨了 19.9%，营销人才、质量管理、中医科医生、护士（护理人员）、生物制药类人才成为上半年医药行业的前 5 大热门职业需求。其实，营销人才的需求量最大，占人才需求总量的 19.9%，较 2009 年同期增长了 30.4%。根据中国残联最新公布的《中国残疾人事业中长期人才发展规划纲要》显示，到 2020 年中国残疾人康复工作人员将由现在的 30 万人增加到 50 万人。

医药卫生体制改革的最新动态

一是基本医疗保障制度基本建立，实现“病有所医”迈出了关键性步伐。截至 2011 年，职工医保、城镇居民医保、新农合参保人数超过 13 亿，覆盖率达到 95% 以上。新农合从 2002 年建立，至 2011 年，参合人数达 8.32 亿，参合率 97.5%，人均筹资标准从 2003 年的 30 元提高到 2011 年的 246 元，受益人次数从 2004 年的 0.76 亿人次提高到 2011 年的 13.15 亿人次，政策范围内住院费用报销比例达到 70% 以上，补偿封顶线达 8 万元。2010 年推行新农合大病保障，截至 2011 年底，已有近 30 万包括儿童白血病、儿童先心病、终末期肾病等 8 种重大疾病患者享受到补偿，实际补偿平均达 65%。2012 年，又将肺癌、食道癌、胃癌等 12 种常见多发大病纳入农村重大疾病保障试点范围，费用报销比例最高可达 90%。

二是国家基本药物制度初步建立，基层医疗卫生机构运行新机制逐步形成。截至 2011 年，基本药物零差率销售覆盖全部政府办基层医疗卫生机构，国家基本药物制度从无到有建立起来，并有序向村卫生室、非政府办基层医疗卫生机构和公立医院延伸。目前，基本药物价格平均下降了 30%。同步推进基层医疗卫生机构综合改革，落实财政专项补助和经常性收支差额补助，实施综合量化绩效考核和绩效工资制度，逐步建立新的运行机制。

三是基层医疗卫生服务体系有效夯实，“强基层”的医改目标初步实现。2009年起，中央财政安排资金470多亿元，支持近3.6万个基层医疗卫生机构业务用房建设。启动了以全科医生为重点的基层医疗卫生人才队伍建设，安排3.6万名基层医疗卫生机构在岗人员参加全科医生转岗培训，实施中西部地区农村订单定向医学生免费培养工作，为中西部地区农村基层医疗卫生机构培养1万多人。

四是实施公共卫生服务项目，城乡居民公共卫生服务均等化水平明显提高。国家免费向全体居民提供10类41项基本公共卫生服务，经费标准从2009年的人均15元提高到2011年的25元，受益人群不断扩大。针对特殊疾病、重点人群和特殊地区，国家实施了农村孕产妇住院分娩补助、15岁以下人群补种乙肝疫苗、农村妇女孕前和孕早期补服叶酸、贫困白内障患者免费复明手术、农村适龄妇女宫颈癌和乳腺癌检查等重大公共卫生服务项目，惠及人群近2亿人。

五是有序推进公立医院改革试点，积累了有益经验。2010年起，17个国家联系试点城市和37个省级试点地区进行公立医院改革试点，在完善服务体系、创新体制机制、加强内部管理等方面进行积极探索。2012年，全国311个县(市)启动县级公立医院综合改革试点，以破除“以药补医”机制为关键环节，统筹推进管理体制、补偿机制、人事分配、价格机制、采购机制、监管机制等方面改革。普遍推行临床路径管理、同级医疗机构检验结果互认、预约诊疗和分时段就诊、双休日和节假日门诊、优质护理服务等措施，控制医疗费用，方便群众就医，提高服务质量。进一步完善鼓励支持社会办医政策，截止2011年年底，全国非公立医疗机构数为45.7万所，占全国医疗机构总数的47.9%，床位数占全国总数的9.7%。

六是建立住院医师规范化培训制度。2014年1月17日国务院七部委联合公布《关于建立住院医师规范化培训制度的指导意见》，“5+3”将成为国家住院医师规范化培训制度的主要模式，即5年医学类专业本科教育加3年住院医师规范化培训，原则上培训基地以三甲医院为主，其他三级医院和二甲医院作为补充。培训期间，住院医师需按内科、外科、全科、儿科、精神科等不同专业方向进行，主要在临床科室轮转，着重提高直接面对病人解决问题的能力。培训结束后，进行统一标准的考核，合格者获得全国统一的《住院医师规范化培训合格证书》。也就是说，学生一毕业，不管未来去哪里，先接受几年强制性培训，而这几年是一个医生掌握临床技能的定型期。同时，不是只有进大医院才有机会得到高水准培训，到基层卫生机构也会得到这样的培训。按规划，2015年，各省(区、市)要全面启动这一工作，2020年，住院医师培训制度基本建立，所有新进医师全部接受规范化培训。

典型案例

面向基层就业，前景广阔

小陈是一所专科学校医学检验技术专业的毕业生，目前在云南省某乡镇卫生院工作，不到三年时间，就一人承担了该院的化验室、医学影像室的工作，成为医院的业务骨干。

说起小陈，毕业之初受聘于昆明一所民营医院，但一心有所作为的他并不满足于现状，而是想通过招考进入国家事业单位。于是利用业余时间，积极备考，在毕业当年通过考试进入某乡镇卫生院工作，一个人承担起医院化验室的全部工作。此时，他又发现医院没有医学影像人员，病人的医学影像检查要到几十公里外的县城进行，既不方便病人，有时还会延误病情。他找到院领导，请求派他去学习，学习费用个人承担。通过半年的学习，他基本掌握了B超等医学影像设备的基本操作。在以后的时间里，医院通过努力，建起了医学影像室，小陈同时承担了化验室、医学影像室的全部工作，成为医院离不开的业务骨干。目前，他已能熟练地进行医学影像技术操作，并已取得医学影像技术的从业资格，同时也取得医学检验的成人本科毕业证书。下一步小陈想通过成人教育获取临床医学的高等学历，进而取得执业医师证书，以便在医学更广阔的领域内放飞理想。相信，有着坚定人生目标的小陈，一定会走出一条创业成功之路。

思考题

1. 为什么说纸质档案对毕业生非常重要？
2.《就业协议》在就业中有什么作用？
3. 专科层次的医药类专业毕业生应该树立怎样的择业观？
4. 云南省的医疗机构是怎样设置的？

第五章　医学生职业角色的转变

章首语

医学生是大学生中一个独特的群体，是指正在接受医学院校医药卫生知识的系统教育、尚未进入医疗卫生职业领域的学生。21世纪生命科学的发展，要求医学生不仅要掌握医学专业知识，而且还要更多地汲取其他学科的知识，具备合理的知识结构。医学生要明确自己的角色特点，通过职业角色学习，尽快适应新的职业身份，并通过角色协调尽可能地降低角色冲突，提高角色扮演能力，才能在踏入社会时，及时转变观念，实现从医学生到职业人角色(医务工作者)的成功转变。

学习目标

1. 掌握医学生的角色特点。
2. 掌握医院岗前培训的职业角色要求。
3. 熟悉从医学生到职业人的角色转变。

职业是劳动者由于稳定地从事有酬工作而获得的劳动角色，是一种社会劳动岗位，是一个人与社会相互联系的阶梯和媒介。在《现代汉语词典》中职业的解释为“人在社会中所从事的作为主要生活来源的工作”。专业在《现代汉语词典》中解释为“高等学校的一个系里或中等专业学校里，根据科学分工或生产部门的分工把学业分成的门类；或者是产业部门中根据产品生产的不同过程而分成的各业务部分”。职业对应的英语单词更多的是“voeation”、“occupation”、“career”，而专业对应的英语单词更多是“profession”。医学生毕业后将从事的职业是医务工作，专业是临床、护理、中医、药学、影像、预防医学等，要实现从学生到职业人的转变，必须经过历练。虽然医学生还没有从事医务工作，但其高度定向的专业训练不得不让其更多地思考未来的定向职业——医务工作者。本章着重探讨医学生职业角色转变的内容。

第一节　医学生角色定位

典型案例

小陆，女，学习刻苦努力，成绩优秀，顺利进入某医科大学学习。基础阶段的所有科目最低分为91分，令人刮目相看，但由于“后悔学医”，到了专业课学习，开始出现厌学情绪，多科目不及格，最后退学了。

小陈，男，以优异的成绩进入某医学院校，入学时获得一等奖学金，老师、家长、同学对其期望很高，但由于不喜欢动手操作，实验成绩总是不高。临床阶段学习时，内、外、妇、儿等专业课，笔试成绩都很好，可是到了临床操作考核时，该生成绩很差，甚至不及格。

医学专业的学习时限长，学习压力大，医学生不能让入学时的懵懂、迷茫与困惑一直伴随着自己的学习生涯，必须有一个明确的角色定位，才能在专业学习中投入极大的热情与能量，才能为将来从事医疗行业做好充分的技术准备和心理准备。

一、角色的概念

“角色”一词源于戏曲术语，指戏剧或电影、电视剧中演员扮演的剧中人物。社会角色是指与人的社会地位、身份相适应的一整套权利、义务和行为模式。社会角色不仅反映一定的社会地位和行为模式，也包含了社会对处于特定地位的人行为的期望。社会角色的获得是在人的社会化过程中，师长、学校、社会综合施加教育以及个体学习的结果。人在社会中的一切行为都是与各自特定的角色相联系的。一个人在社会生活中，往往同时或先后处于多重角色的状态下，个人的价值正是在扮演一个个角色中实现的。人的角色意识是指人们对其担负的角色以及与之相适应的身份、地位、权利、义务和必须执行的规范的认识，它以观念的形式存在于人的头脑中，具有一定的指向性和能动性，对人的行为起着调节和驱动作用，自觉地指导人们“做什么”，“如何做”。可以说，一个人角色意识水平的高低，影响、制约着他们行为的动力、方向和水平。因此，医学教育首先就要培养学生具有明确的角色意识，使他们能自觉地、主动地按角色期待行事，并恰当地承担起社会角色。

我们每个人都生活在一定的社会关系和社会组织中，每个人在社会中都有属于自己的多重角色，人的一切行为都与各自所扮演的社会角色相联系。这些角色的行为规范都是我们要熟知和掌握的。只有找准角色定位，把握好角色规范的要求，努力发挥与其角色地位相适应的作用，实现自己的社会价值和个人价值。

在社会实际生活中，由于每个人受教育程度、文化素质、个人能力和社会实践等多种因素的影响，对角色的领悟和实践结果肯定是不尽相同甚至有很大不同。但是，社会赋予每个角色却是一种特定的、公认的标准。按照社会对角色的期望、个体对角色的理解和个体在实际工作中对角色的践行程度，社会角色一般表现为这样 3 个层次。

1. 理想角色　即期望角色。这是社会对处于各个行业、岗位的人有关权利和义务的行为规范，它属理论层面，是有关规范全面的、标准的要求。

2. 领悟角色　即感受角色。由于个人文化、素质、认知能力和环境等因素的影响，每个人对自己担当的角色的理解各不相同，它是个人主观上的认识。

3. 实践角色　即表现角色。是个人在职业、岗位上实际表现出的角色行为，是客观存在的，一般来说实践角色与理想角色都会存在着一定的差距。

在社会生活中，每个人由于在社会、在岗位、在家庭都分别担当着不同的角色，都是集多重角色于一身的。这些不同的角色相互联系、相互依存、相互补充，构成了一个人多维度的角色形象。但在这众多角色之中，社会角色和职业角色是两个最重要的角色。

二、医学生的角色特点

（一）角色定位

医学生是指正在接受医学院校医药卫生知识的系统教育、尚未进入医疗卫生职业领域的学生。这是一个正处在学习、积累、实践、拓展阶段的角色，是在为将来走上工作岗位、成为医务工作者打基础、做准备的角色。医务工作者，是指受过高等医学教育或长期从事医疗卫生工作的、经国家卫生部门审查合格的高级医务卫生人员。医学生角色与医务工作者角色之间，既有明显的区别又有密切的联系。

医学生是一个特定阶段的角色，一个过渡性的角色，一个转变过程中的角色。医学生因为没有获得医务工作者的执业资格，不能担负起医务工作者的职责，因而与医务工作者有着严格的区别；但作为医学生，他们是医务人员的预备队，是医疗卫生事业发展的后备力量，因而又与医务工作者职业有着非常密切的联系。每个医学生在毕业之后都存在一个角色转变问题，而其中绝大多数人面临的是从医学生到医务工作者的角色。这种角色的转变，不是因为时间到了、毕业了就自然转变了，也不是因为地点变了、走上工作岗位就自然转变了。从医学生到医务工作者的角色转变需要一个过程，是一个由量变到质变的过程，不是一蹴而就的。在这个过程中，需要学习医学基础知识、医学专业知识、医疗诊治技能等，需要不断的实践操作训练，需要学习和养成良好的医学道德品质，需要培养严谨认真的工作态度，需要强化人际沟通能力，等等。

因此，医学生的角色定位是：未来的医务工作者。医学生正处于学生向医务工作者转变的演化期，必须经过对自身角色规范的认知、感悟、生情、升华、定位等，才能最终凝练成良好的职业品格。

（二）医学生的角色意识培养

由于医学生和医务工作者二者之间存在着非常密切的联系，所以，每个医学生从入学起就应该有意识地培养自己的医务工作者角色意识，为顺利进行角色转变打下坚实的基础。

1. 提高医学生思想素质，树立医学生角色意识 医学生从进入医学院校学习开始，就要在思想上确立自己的目标，明确树立医务工作者的角色意识，学校也应采取各种形式帮助学生强化作为医务工作者的角色意识。如，通过讲授专业课和公共课等理论教学内容，使学生了解医务工作者的职责、医务工作者应具备的知识结构和素质、医务工作者应具备的道德品质，增强其作为一名医务人员的自豪感，树立医学生作为未来医务工作者的角色意识。

2. 从点滴做起，强化医学生角色意识 医务工作者应具有良好的道德修养，具有强烈的责任感，具有严谨的工作作风，具有不怕苦、不怕累的奉献精神等。这些优良品质的养成，需要有严格的自律，需要从点滴入手，需要从身边小事做起，需要从自己做起。每个学生在日常的学习、工作和生活中，应注意养成良好的学习习惯、工作习惯和生活习惯，培养自己对他人、对事业、对社会的责任感，培养吃苦耐劳的精神和一丝不苟的工作作风。这样就能为将来进入医务工作者角色、担当好医务工作者角色打下坚实的基础。

3. 从培养医学生的职业作风和职业责任心着手强化医学生角色意识 医学生在校期间，可通过角色扮演，严格的实验操作训练以及开展规范行为达标竞赛等灵活多样的教学方式和丰富多彩的校园活动，塑造良好的职业风度，严谨求实的精神，耐心细致的作风，端庄大方的举止，温和得体的语言，乐观稳定的情绪，坚忍顽强的意志，熟练的人际沟通技巧等，从而促使自己尽快融入职业角色。另外，学校通过开展青年志愿者活动，使学生初步认识社会、了解社会、了解病人需要，培养学生的职业责任心，进而了解医务工作者的社会职责和义务，增强学生的职业责任感和关心病人、服务病人的意识，为将来扮演好职业角色奠定思想基础。

4. 在角色社会化的实践过程中适应医学生角色职责 角色的社会化是指个人学习知识、技能和社会规范，在发展自己的同时与社会达成一定程度的一致性，从而取得社会成员的资格，担当合格的社会角色的过程。社会的存在和发展，需要新一代人接替由于老一代人的退出和死亡空缺的角色，继续其未完成的事业。医务工作者角色的社会化实际上从医学生入学之日就已经开始了，这个社会化过程就是通过医学基础课、公共课、专业课等的学习，通过专业技能的训练，通过见习、实习等与患者的接触和对患者的诊治，由一个普通人转化为一个能够胜任医疗卫生工作的医务工作者。这个过程是日积月累的过程，也是循序渐进的过程，同时还是理论与实践相结合的过程。医学生角色意识的培养，就是在这个看似没有什么明显区别的过程中达到量的积累，实现质的飞跃。因此，抓紧每一天的学习和实践机会，不断地充实完善自己，就能逐渐成长为一名合格的医务工作者。

三、医学生的学习特点

（一）明确的专业目的性和职业倾向性

医学教育具有其特殊性，医学生的培养质量关系到人民的生命安全与健康。小草割断可以再长，树木砍断可以再生，但是人的生命只有一次，失去了就再也回不来了。因此，医疗职业是一个人命关天的特殊职业，直接掌握着病人的生命权，这就要求医学生的学习有非常明确的专业性，医学生必须通过努力地专业学习，掌握扎实的医学知识，具有良好的科学文化素养，具有较强的专业技能，才可能成为在医学领域以其劳动对医学的进步和发展、人类健康和文明做出贡献的人。另外，几乎所有的医学类毕业生都要到各级医疗卫生单位从事临床工作，未来明确的职业倾向，也对医学生的专业学习提出了更高的要求。

（二）医学生学习具有较强的实践性

医学是一门实践性很强的科学，高等医学教育过程中，在基本理论教育和基本知识传授的基础上，实验教学和实践教学占有重要的分量。实验、见习、实习的时间占医学和药学类学生总课时的 1/3 以上。医学院校学生的实验课及毕业实习显得特别重要。在校内的各种实验课上反复验证理论知识的正确性，体验各种变动因素对疾病、药物作用的影响，更好地进行经验积累，才能将课堂上学到的知识很好地应用到临床实践中。医学生基本都有一年的毕业实习，可以真真实实地接触到临床。这种毕业实习起到承前启后、理论联系实际的重要作用，而且可以弥补前期理论教学中的不足，在巩固所学医学理论基础知识的同时，加深学生对疾病发生过程的认识，并提高医学生分析和解决问题的综合能力，更强化了医学教育的实践性。

（三）医学生学习的艰苦性

相对于其他院校和专业的学习来说，医学生的艰苦有其特殊含义。一方面需要掌握的知识越来越多，另一方面有些学科之间没有多少内在联系，但要求医学生完整、准确地予以把握。医学课程系统时间长、课程多、难度高，背记的内容较多、考试压力较大，学不完的课程，“多如牛毛的考试”，学习过程异常艰苦，即使毕业后踏上工作岗位也并不意味着结束，等待医学生（后来的医务工作者）的依然是数不尽的考试、二次择业和晋级考试。

（四）医学生学习的综合性

随着现代医学教育模式的转变，主动为群体保健、预防服务成了医疗保健服务的发展方向。这标志着未来医务工作者的任务已不单纯是在医院里坐等病人，而是从医院内的服务扩大到社会和家庭的服务，从诊治疾病扩大到预防保健。从生理治疗扩大到精神和社会方面的关注，为个人、家庭、社区提供综合性、整体性的“全球医学”的医疗保健服务。医学生的培养已经突破了传统的单科性教育，即转向包括对学生人文和科学素养在内的综合、全面的培养。

对于医学生而言，必须全面学习和掌握本专业的每门课程，不可以凭个人的兴趣爱好，偏重于某一课程而忽视其他课程。不仅要全面系统地学习医学专业知识，而且要广泛汲取包括人际交往学、医学伦理学、医学法学、医学辩证法、伦理学、心理学、信息学、统计学、医学美容学、管理学、经济学等其他相关学科的知识，不断拓宽自己的知识面，提高综合素质和能力。

（五）医学生就业形势的严峻性

随着医学高等教育的迅速发展，医学生的数量和质量大大提高，随之而来的是就业压力逐年上升。其他人文社科专业的就业方向比较宽，但由于医学的专业性太强，医学生将来就业的方向非常明确，决定了其就业面相对狭窄，医学专业的毕业生就业并非人们想象的那么容易，就业形势不容乐观。因此，医学生在校期间必须不断提升自己的素质，提高就业竞争力，才能顺利转变为一名职业人。

第二节　医院岗前培训

医院岗前培训是医院对新进人员（包括实习的医学生）进行集中培训，使新进人员了解医院概况、医院的相关规章制度，熟悉适应医院环境，所进行的一项人力资源管理活动。成功的岗前培训是提高职工综合素质，培养新时期多功能人才的基础，是提高医院核心竞争力，培养新进人员荣誉感和归属感，指导新进人员职业生涯的重要措施。

医学生岗前培训作为临床实习的基础和开始环节，对于提高医学实习质量非常关键。医学生在学校所学习的理论知识与临床实践工作存在着一定的差异，临床实习为医学生的实践学习提供了平台。而实习生首次上岗时角色递进跨度大、应变能力弱、适应能力差、语言交流能力缺乏、动手能力弱、自我安全意识淡薄等，要在较短的时间内进行角色的转变必然要有一种过渡衔接的桥梁，而实习前的岗前培训正是这一实质的内涵体现。因此，岗前培训对于临床实习质量的提高起着重要的作用，是医学实习的基础，是医学实习教学中承前启后的环节。

一、医院岗前培训的意义

医院岗前培训对新进人员（包括实习的医学生）来讲，不仅能让他们从心理、责任心、态度、形象等各方面做好进入工作角色的准备，还可以增进他们对医院的感情与忠诚度，增强他们对医院管理理念、服务理念、管理模式、医院文化的认同；同时，通过培训，医院可以吸收一批有活力有能力有素质的新生力量，打造精英团队，共同开创医院医疗卫生事业的美好未来。

医院岗前培训是医学生步入社会的第一课，是职业生涯的起跑线，如何认识理解这个职业，带着什么样的目的、宗旨来到单位，来到医院，拥有什么样的素质和以何种精神状态开始起跑，岗前培训起着十分关键的作用。所以认真、扎实、客观地开展岗前培训，让每一名新上岗员工充分认识自己的职业，以一种正确、健康的目的和动机进入到工作岗位，在具备良好基本素质的基础上，在一个较高的起点上起跑，为自己的职业生涯奠定牢固的思想基础和能力基础。

培训后的新进人员在个人素质、专业技能、职业道德风貌等方面更加符合医院工作人员的标准，因而更能保障医院医疗的安全性，使医院医疗服务质量和医疗技术不断向前发展。医学生通过多种形式的岗前培训，可以消除对工作的陌生感、恐惧感，对即将开始的工作有信心，实现角色转变，增强适应能力、使命感和责任感，增强工作主动性和法律安全意识，提高工作效率，提升医疗服务质量。

二、医院岗前培训的内容

医院岗前培训体系实质是一个动态、延续的体系，不仅包含岗前培训过程，还应该涉及对新进人员试用期内的考核以及其成长对医院发展所起到的作用。岗前培训从组织到实施，一般包括课程的设计、培训教师的配置、培训地点的选择、培训过程的组织管理以及培训结束的总结、评估等内容。常规的培训内容主要有医院概况和医院文化介绍、医德医风教育、法律法规教育、交流沟通技巧及行为规范教育、病例书写和临床技能培训等。

(一) 医院概况和医院文化介绍

详细地介绍医院的历史变革、自然与人文环境、医院发展的近期目标及远景规划等相关内容，让新进人员对医院有一个深入全面的认识，提高新进人员的认同感、使命感和荣誉感，促使其更快、更好地融于医院的工作中。

(二) 医德医风教育

医务工作者职业是一个特殊的职业，其执业行为直接关系到患者的健康和生命。医务工作者应该具备较高的道德水准，这几乎成为全社会的共识。岗前培训可以通过医院老教授、专家亲临讲授或者医患角色转变的教育活动来增强新进人员的责任感和使命感，使其能在以后的工作中注重个人廉政建设，拒绝腐蚀，正确处理好医患关系，得到患者的理解和信任，树立良好的社会形象。

随着社会主义市场经济的建立和发展，人们的物质生活日益富足，伴随而来的思想观念也发生了深刻变化。部分医学生“为他”的思想日益淡薄，个人主义、利己主义有所滋生，把追求金钱、追求实惠、追求享乐作为自己的人生目标。这不仅影响到他们正确世界观、人生观、价值观的确立，而且对他们职业品质的形成也会产生消极的影响。少数医学生受经济利益驱动，在工作中无视病人利益，索要红包，超范围检查以及对病人和商家吃、卡、拿、要等，致使经济犯罪、医疗事故发生。医学具有社会性、实践性和服务性的特点。医务工作者的社会责任很重，不但要治病，而且要“治人”。医学是“仁术”，治病救人、救死扶伤是一生的天职。作为一个医务工作者，首先就要有一份爱心，一种伟大的博爱精神，成为有责任、有义务、品德高尚的医务工作者。医德关系到千家万户的利益，关系到党和政府对百姓的关爱，关系到社会的安定、进步。因此，医院应加强新进人员的医德教育，排除功利思想，培养虚怀若谷、无私无畏的高尚品格。

(三) 各项规章制度培训

岗前培训除了要强调新进人员在临床工作中需遵守的法律、法规外，要对医院的人事管理、工会、会计、计划生育、医保、科研管理等各项规章制度进行培训，规范新进人员的行为准则，明确各自岗位职责，使新进人员自觉遵守各项规章制度，同时制定切合自身的发展目标。

(四) 明确工作职责和工作任务

通过医院岗前培训活动，对新进人员进行医疗文本书写、体格检查、心肺复苏、静脉输液、循证医学等临床基本技能培训，提高新进人员的专业实践能力，促进理论向实践的转化，提高新进人员胜任本身工作的能力。新进人员逐步掌握一定的操作技能，通过必要的参观活动和一定的技能培训，基本明确自己的工作任务，从而有利于新进人员尽快适应和胜任自己的岗位要求。

（五）促使新进人员转变角色

通过岗前培训使医学生改变观念和整合行为，从一个局外人转变成为单位人。医学生从校园步入社会，他们对于本职工作有着各自不同的认识和理解，为了医院的发展目标，为了医院的品牌，医院有必要将自己的文化融入到新进人员的行为与观念体系中，从而使他们真正成为医院的新鲜血液，切实起到增强医院活力和充实实力的作用。

（六）进行严格的培训效果考核

在对新进人员岗前的职业道德教育、规章制度教育和基本技能教育等内容的培训后，进行一次系统性的综合考试，不但能够了解此次培训是否达到了预期效果，更主要的是让新进人员能够认识到自己在哪些方面还存在不足，培养他们“学无止境，学海无涯”的学习精神，激励他们今后要在工作中，努力学习，不断更新知识，不断完善和充实自我，为以后的工作奠定良好的基础。

三、医院岗前培训对医学生的职业角色要求

人生需要规划，职业生涯更需规划，而医院岗前培训就是职业生涯一系列培训中的初始培训，是保证新进人员适应新工作岗位需要的重要环节，具有初始性、基础性等特点。医学生从系统正规的学校教育进入到复杂多变的社会生活中，是由一名学生向社会人转变的第一过程，与将来在职业生涯中所进行的其他职业培训相比，具有先入为主的特点。学校生活已经在医学生的大脑中形成一种模式，所以其步入社会后的第一站首先是角色的转变。而医院岗前培训，有助于医学生认识自我、认识自己所处的环境、避免弯路；有助于医学生工作的成功，帮助医学生开始对职业生涯的初期设计，从而对整个职业生涯产生深远的影响。

通过岗前培训，医学生应达到以下职业角色要求：

（一）合格的政治思想素质

政治思想标准包括两个方面：一是政治立场，就是站在什么立场上，为什么人服务的问题。立场是个根本性的问题，立场站错了，出发点就是错误的，过程和落脚点自然也是错误的。在建设中国特色社会主义的当代，我们应该站在社会主义的立场上，站在最广大人民群众一边，全心全意为人民服务。二是思想方法，就是用什么观点去认识问题、分析问题。思想方法是关系全局的问题，思想方法发生偏差，认识问题就有局限性，分析问题就带有片面性，解决问题就会走极端。医学属于自然科学的范畴，但其应用却要受到社会科学的制约。医务工作者是做人的工作的，医务工作者职业是最直接为广大人民群众服务的职业，是最直接为人民群众解除痛苦的职业。医务工作者不能脱离社会、脱离政治，必须具有热爱祖国、服务人民的政治立场，树立全心全意为人民服务的思想。医务工作者职业有着严格的科学性要求，必须掌握科学的思想方法，用科学方法去探索生命的奥秘。医务工作者应树立和坚持科学的世界观、人生观、价值观，努力掌握辩证唯物主义和历史唯物主义的思想方法，用科学的世界观和方法论武装头脑。

（二）扎实的专业操作技能

通过多年的在校理论学习和各种操作实践，再通过医院岗前培训活动，医学生应该熟练掌握医疗文本书写、体格检查、心肺复苏、静脉输液、急诊处理等实验、诊断和治疗临床基本技能，改变应试教育所造成的操作技能薄弱的弊端，不断加强自身操作能力的培养，努力获得扎实的专业操作能力，真正投入到临床，迅速适应医疗环境。

（三）良好的道德素质

1. 尽职尽责 医疗不同于其他职业，它直接关系到患者的生命安危，涉及千家万户的悲欢离合。医学生应当在学习和实习的过程中，本着对患者高度负责的态度，处处为患者着想，在工作中严肃认真，不放过一个疑点，不错过一个机会，不放弃一线希望，养成一丝不苟的良好行为习惯。

2. 平等待患 要牢固树立人的生命都是同样宝贵的观念。医务工作者应具有对所有的患者都应一视同仁的品德，不论患者地位高低、权力大小、收入多少、关系亲疏、宗教信仰等，都给予耐心、细致的诊治，并在力所能及的条件下尽量满足患者的要求。

3. 慎行守密 医务工作者的言谈举止会对患者的心理产生一定的影响，也会对医疗效果发生直接或间接的影响。在诊疗过程中，应当言行谨慎，保护患者隐私；对患有“不治之症”或有不良预后的患者，要遵守医疗保护制度，特别是对那些毫无思想准备的患者要使用保护性语言，以免患者承受不住打击而悲观失望。

4. 医风廉正 在医疗过程中不以医疗手段谋取个人私利，应坚持社会主义道德原则，坚持社会主义荣辱观，坚决抵制医疗卫生领域中的滥开检查项目、开大处方、拿回扣等不道德行为，坚决反对索要和收取红包等违法乱纪行为。

（四）广博的文化素质

文化素质是一个人通过学校教育、实践教育以及继续教育等不同的教育阶段和社会实践逐渐形成和积累起来的。文化素质高，知识面就广，有助于对事物本质的认识和对事物发展规律的认识，有助于开阔思路，接受新事物，激发灵感，激发创造力。新的医学模式，要求医务工作者不仅要掌握渊博的专业知识，而且还要更多地汲取其他学科的知识。近二十年来医学科学的发展，正是得益于许多边缘学科的产生和推动。作为当代医学生，要具备合理的知识结构，学习一些心理学、教育学、社会学的知识，还要学会做患者的思想工作。

（五）处理好医患关系必需的各种素质

医学生要成为医务工作者，达到角色要求，必须培养良好的综合素质，才能处理好医患关系，更好地为病患服务。

1. 观察力 患者的神色、声调、气味、精神状态等，都可以直接或间接地反映症候。医学生在学习和实习的过程中，要注意培养自己的观察力，把握患者总体状况和细微的变化，了解患者的生理和心理需要，提高治疗效果。

2. 记忆力 医务工作者每天面对众多的患者和较多的疾病类型，培养良好的记忆力可以帮助他们认识和诊断疾病，积累经验，掌握上百种的药性及适应证。另外，对患者基本情况的记忆，有助于对患者的了解，还可以缩小医务工作者和患者之间的距离，密切医患关系。

3. 表达能力 表达能力是当代医学生的基本功之一，包括了文字语言表达和口头语言表达能力两个方面。医务工作者要清晰地表述患者的病情和记录患者的病情变化状况，需要文字语言表达能力；医务工作者要与患者交谈和沟通，需要口头语言表达能力。两千多年前的希波克拉底就提出了医务工作者有三样东西可以治病：一是药物，二是手术刀，三是语言。

4. 应急能力 医务工作者经常会遇到一些紧急情况，如危重患者的抢救、患者病情的突然恶化等。要做到遇急不乱、有条不紊，就需要平时多学、多练，实际工作中就能心中有底。

(六) 健康的身心素质

医务工作者工作的特殊环境，密集型的门诊方式，无间歇的接诊，都会造成身心疲惫、精神烦躁；对住院患者病情的司空见惯，可能会导致对患者的麻木和冷漠；而一些患者的虚张声势、家属的紧张不安，可能会使医务工作者产生反感情绪；长期面对精神不振、心事重重、痛苦呻吟、甚至因疾病折磨而痛苦不堪的患者，可能使医务工作者心理越来越压抑。因此，医务工作者要注意及时调整自己的心情，学会放松，学会锻炼，学会有张有弛，努力保持健康的身心状态。

第三节　医学生到职业人角色的转变

典型案例

一天，我发现，一只黑蜘蛛在后院的两屋檐之间结了一张很大的网。难道蜘蛛会飞？不然两檐之间有一丈余宽，第一根丝是怎么拉过去的？后来，我发现，黑蜘蛛走了许多弯路，从一个檐头起，打结，顺墙而下，一步一步向前爬，小心翼翼，翘起尾部，不让丝沾到地面上的沙石或别的物体上，走过空地，再爬上对面的檐头，高度差不多了，再把丝收紧，以后也是如此反复。

几天后方知，虽然蜘蛛不会飞翔，但它能够把网结在半空中。它是勤奋、敏感、沉默而坚忍的昆虫，它的网结的精巧而规矩，八卦形地张开，仿佛得到神助。于是，我记住了，蜘蛛不会飞翔，但它照样把网结在空中。奇迹是执着者创造的！

点评：案例强调的是职业人必须具备持之以恒、执着追求的精神。

人处在不同的社会地位，从事不同的社会职业（或中心任务）都要有相应的个人行为模式，即扮演不同的社会角色。通常一个人在不同的环境和条件下会扮演不同的社会角色，也就是说每一个人都有多重的社会角色，比如对于教师身份的人来说，在学生面前是老师，在儿子面前是妈妈，在领导面前是职工；但无论是什么样的社会角色，下班回家，就要从职业角色变换为家庭成员角色。这种经常性的由上级到下级、由领导到子女、由学生到老师、由主人到客人等杂乱无章的变换即为角色转变。

职业角色转变是指因所从事的职业（或中心任务）的变化，职务的升迁等，所产生的新旧角色的转变。医学生毕业就业，其实就是由学生转变为职业人（医务工作者）的一个职业角色转变过程，新旧角色转变的过程中必然伴随着新旧角色的冲突。医学生应该通过职业角色学习，尽快适应新的职业身份，并通过角色协调尽可能地降低角色冲突，提高角色扮演能力，使自己向职业人的角色得以成功转变。

一、强化在校生职业教育，为医学生角色转变打基础

从中学跨入高等医学院校的医学生们，在懵懂、迷茫和困惑中进入了医学教育的领域中，除了极少部分学生有明确的学习目标和职业目标外，很多学生对自己的角色定位都不确定，对毕业后将面临的职业人角色转变很迷茫，因此，对在校学生进行职业认知教育，培养职业情感，对今后医学生确定职业目标，实现角色转变有着重要的意义。

(一) 做好职业认知教育

职业认知是指医学生对医学职业的性质、意义等的认识以及了解的程度。医学生思想观念

不成熟、不稳定，决定了医学生在规划职业生涯、评判各种社会现象和医学伦理问题时存有相当的模糊性，很容易受社会思潮和社会现象的左右，特别是当看到理论和现实相差甚远，觉得学无用武之地时，就会对理论产生怀疑甚至抛弃，转而去盲目追随一些社会消极思想，甚至把一些社会不良现象作为自我定位的参照体系，忽视社会发展的主流和实质。调查显示，医学生入学到毕业的过程中，对本身的职业角色职业认知经历了天真—彷徨—角色识别—角色模仿—角色内化的阶段。从入学初始认为的天使一般的职业认同，到中期发觉理想与现实不相符的彷徨，后来真正识别了职业角色真实所在，再后来，在进入见习、实习后感触了职业人的真实，开始了职业角色模仿，当真正懂得了职业人时，才能将自己与职业角色内化，融为一体。

因此，学校要把职业认知教育作为医学生入学教育的重点来抓，当作整个专业教育的起点，以帮助学生了解医学专业特性、医学专业培养目标，了解医务工作者必须具备的素质，了解自己的职业兴趣、职业气质、职业性格、职业能力。

（二）做好职业情感教育

职业情感是指医学生对医务工作者职业的情感投入及职业给个体带来的情感体验。职业情感直接影响着从业人员的职业观念、工作态度和职业精神，也直接影响从业人员在职业准备时期的学习积极性和主动性。职业情感为职业观念的形成和发展提供最初的思想素材，经过系统化、理论化而成为职业道德的重要组成部分；职业情感也是培养和提高职业知识、技能的内驱力。对学生的日常教育，特别是在实习、实训教学过程中，指导、帮助学生实现职业成就，引导学生体验职业乐趣，是逐步培养学生的职业情感，进而向往未来将要从事职业的一把金钥匙。对未来职业的向往与憧憬，能使学生找到个人与社会的契合点，使个人的职业追求与社会需要和谐统一，从而坚定自己的职业定向，热爱自己选定的专业，激发学习动机，坚信医学职业会最大限度地实现自己的人生价值。

（三）进行职业目标教育

职业目标教育贯穿于学习的全过程。职业活动是人生历程的重要内容，它既是人的谋生手段，又是实现人生价值的主要途径。职业目标可以坚定职业信仰，提高医学生对未来工作的认识、尊崇和信服，增强学习的积极性；职业目标可以强化职业情感，热爱自己选定的专业和未来的职业，激发学习动机；职业目标可以巩固职业意志，克服学习和工作中遇到的种种困难，激发并维持学习热情。从某种意义上来讲，职业目标教育也就是人生目标教育，是贯穿于人生的重要课题，当然也是贯穿于医学教育的重要课题，确定了职业目标，为职业人角色转变打下了良好的基础。

（四）进行教学改革，提倡学生早接触社会

医学课程设置应前后期融会贯通，大力推广早接触社会早接触临床。一入学，教师介绍前期基础教学与临床工作的联系，并带领学生进行现场观摩，回答学生各种问题；安排学生在门诊观看病人整个就医过程；带领学生到医院、病房亲自了解病人的家庭背景和生活卫生习惯，病人对以往就医和本次就医的医院、医护人员、费用、诊治情况的反映，病人的心理状况，以及有关医德、医风、医疗技术水平、医疗保健制度的满意程度的意见和建议，写出体验总结，增加感性认识，将角色认识上升到一定的理性深度。教师还可以开展各种校企合作活动，让学生在活动中养成良好的职业道德和职业行为习惯；改革传统的教学模式，使课堂成为职业氛围浓厚、专业特色鲜明的学习场所；创新实习实训工作，将企业（医院）劳动纪律和规范作为考核内容之一，加强学生的职业养成训练;宣传行业劳动模范和优秀医学生的典型事迹,增强学生立志成才的信心,提高学生适应企业(医院)工作环境的综合素质和职业能力。

早期接触社会、接触临床工作可以增加医学生的学习兴趣,坚定专业信念,使其体会到医务工作者的神圣使命和职责,增强社会责任感,锻炼医患沟通能力,对建立良好医患关系的必要性有深刻的认识,学到许多书本上没有的知识。低年级医学生早期树立良好的情感动力,对于他们在整个医学院校的学习乃至今后的医疗工作、职业角色转变中都具有深刻的影响和推动作用。

二、做好医学生实习期间的角色转变工作

临床实习是医学生将所学的理论知识与所要从事的医疗实践相结合的必经之路,是最终成为一名优秀的医务工作者不可缺少的重要环节。实习生第一次接触临床、第一次直面病人、第一次深入医院,都将对他们的职业素养、职业技能的养成以及心理价值的认同产生深远的影响。如何使医学生顺利进入医务工作者角色,如何激发他们实习的内在动力和积极性,就成为临床医学教学管理的重要组成部分之一。

毕业实习是医学生由学生转变成实习生的过程。医学生的临床实习是学校教育的深化和延续,是从学生到临床实习生,从学校到病房的转变过程,在这个转变中面临着角色的转变,学生从学校有规律的学习生活到医院繁忙的实际工作,由学生角色转变为病人心目中的医务工作者。实习期间的角色转变又是影响其临床综合能力提高的关键,是理论与实践相结合的重要时期,是培养医学生实际工作能力、实现角色转变的重要环节。适应角色转变,对学生能否完成实习计划,成为合格的医务工作者至关重要。

学校和医院可在医学生毕业实习前和实习时进行岗前培训,这对于学生快速实现角色转变,更好地适应实习环境起到了承前启后的重要作用,是提高实习的质量和效果的关键。同时,学生自己也要重视毕业实习和毕业设计,学习与未来工作岗位有密切联系的专业知识和专业技能。大学的课程设置总体上偏重于基础知识的学习和基本技能的培养,而不一定涉及特定的医务工作者岗位所需要的专业知识和技能。毕业实习和毕业设计是医学生步入职场一个必要的过渡阶段。对即将毕业的学生来说,通过毕业实习和毕业设计,他们可以将自己所掌握的理论知识运用于实际,这不仅有利于医学生加深对书本知识的理解和巩固,还能够使其发现自身的不足,对知识结构进行必要的补充和调整,提高观察、分析和解决问题的实际工作能力,主动实现角色转变。

三、尽快适应新岗位,实现由医学生到职业人的完美转变

医学生从学校走向一个完全陌生的环境,面对与校园生活完全不同的环境与角色定位,有很多东西需要学习与适应。要实现由学生向职业人(医务工作者)的顺利转变,必须从以下方面进行。

(一) 调整心态,以归零的勇气面对现实

十多年的学校生活,使得每一位医学生在学习、生活和思维方式上都养成了一种相对固定的习惯,因此,初次走向工作岗位,他对学生角色仍存依恋,习惯以学生角色待人接物,而对职业人角色抱有畏惧的心态。

另外,医学生还存在盲目自傲、浮躁的心态和不稳定的情绪、情感,常常对职业角色的理解不够全面和准确,认为自己接受了比较系统正规的高等教育,拿到了学历,学到了知识,已经是比较

高层次的人才了，过高评价自己，而不能审时度势。他们只想指点江山，而不愿从基层做起。他们太在乎自己“天之骄子”的光圈，而放不下大学生的架子。因而，往往看不起基层工作和基层工作人员，甚至认为一个堂堂的大学毕业生干一些琐碎的不起眼的工作是大材小用，有失身份。有这种观念的医学生，在工作中高不成低不就，不能专心地去投入，只能眼睁睁看着一个个机会从面前溜走。其实，能将一件小事做好的人，一定是一个踏实肯干的人，一个从基层一步步做起的人，一定是一个胸怀大志的人。当你在做这一切的时候，其实是在给自己的未来投资。

因此，要实现由学生向职业人的转变，首先就要调整心态，明白自己已经由学校环境进入到了职场环境，面对的人群已经由老师、同学变成了老板、同事，生活的主旋律已经由学习、索取变成了工作、奉献，自己已经不再是人际关系单纯的学生，而是人际关系复杂的职员。要摒弃对自己学生角色依恋和对职业人角色畏惧的心态，摒弃高傲、浮躁的作风，以归零的勇气，做一张白纸的态度，真实地面对现实，挥手告别过去，让过去成为历史，让未来到来，从头书写自己的职业人生涯。

（二）拒绝抱怨，平和心态，直面坎坷

调整就业心态，做好心理准备是角色转变的基础。过硬的职业技能对角色转变固然重要，但充分的心理准备更是不可缺少的，因此医学生要有“直面困难”的心理准备。人的一生，事业不可能一帆风顺，如果心理准备不足，有时就会产生过激情绪，导致能力低下。调整心态，“胜不骄，败不馁”是事业成功者的必备素质。

有人说：坏心情是想不开时折磨出来的，其实，现实并没有你想的那么糟糕。人生有高峰也有低谷，根本没有一帆风顺的人生。要拿得起，放得下，拿得起是一种勇气，放得下就需要一种胸怀。任何人都不能保证自己一生都不会有困难和坎坷，因此，要正确看待工作中遇到的困难和坎坷，不要抱怨，因为抱怨解决不了任何问题，如果一味地抱怨前任，抱怨上司，抱怨同事，抱怨工作，抱怨社会，反而让自己心情十分糟糕。面对困难，首要的是要战胜自我。战胜了自我，战胜困难就有了可靠的支点。每个人在遭遇困难时，都不能消极地等待他人和社会的救助，而应该首先想到依靠自身的努力摆脱困境。要在客观分析造成困难的原因的基础上，总结经验教训，努力改变其形成的条件，在困难中奋起，使事件朝着积极的方面发展。

医学生需要保持乐观、平和的心态和自信，明白无论是成功还是失败，这都是自己的人生，直面坎坷，跌倒了，再爬起来，继续往前行，才能真正实现由学生到职业人角色的转变，完善自己的职业生涯。

（三）明确方向，勤奋进取，执着追求

坚持就是成功。大家都知道“背十字架的故事”：一群人，每人背着一个超过身高的硕大十字架在埋头赶路。路好远好长，他们走得好辛苦。在这些人当中，有一个人趁人不备，用锯子把十字架的末端锯了一截——嘿，明显轻松了许多。很快，他就走到队伍的前面去了。在某方面尝到了甜头的人，会一次次萌生以同样方式追求甜头的心。这个人也不例外。他再一次拿出锯子，把十字架的末端又锯去了一截。更加轻松了，他得意地哼起了小曲。突然，前面出现了一道深谷。背着十字架赶路的人们纷纷把长长的十字架搭在深谷的两边——彼时拖累人的十字架，此时化作了桥梁。那么多人轻松愉快地从自己的十字架上通过，如愿以偿地走到深谷那边去了；而那个偷巧的人，却因为变短的十字架无法架在深谷两边而永远被留在了深谷这边……

这个故事是一个人生镜鉴。医学生进入工作单位，背上十字架的分量陡然加重。也许会让

人生出偷巧之心。锯子在身内,锯子在身外?锯子的利齿,随时乐意帮你啃掉沉重十字架的末端。但是,深谷不迁就短处,残缺的十字架,只能编织残缺的梦。

因此,我们不必抱怨压力大、任务重,却一定要记住,"捷径,其实是最远的路;偷来的巧,其实是致命的拙"。医学生从学生到职业人角色的转变,是生命中正在经历的一个重要过程,是迈出人生的重要一步,而这一步迈得是否坚实有力,将决定你以后能走多远、能攀多高,我们只能脚踏实地,努力奋斗走好每一步。

伟大的成功和辛勤的劳动是成正比的,有一分劳动就有一分收获,日积月累,积少成多,奇迹就可以创造出来。不做拖延工作的事,及时完成上级交给的任务。天道酬勤——没有人只依靠天分成功,上帝给予了天分,勤奋才能将天分变成天才。只有坚持、不放弃的人,只有执着追求的人,才能成功。

(四)虚心学习,注重沟通交流,尽快进入职业人角色

虚心学习,注重沟通交流是角色转变的重要手段。作为一个职业岗位的新手,要想尽快适应工作岗位的要求,除了要有投入实践的信心和勇气外,还必须充分地了解并熟悉工作环境,了解和熟悉工作对象的特点和规律,从而对新的工作有比较全面的认识和把握。医学生在校期间学习到的知识是有限的,很多知识和能力需要在工作实践中去学习、锻炼和提高。面对全新的职业,医学生需要像小学生那样从头学起,自己不会做没关系,要及时请教、多方学习,尽快学会。在初到工作单位的一段时期,特别应该主动地关心和收集有关的信息。在工作之余,不要忙于消遣活动,应当安排一定的时间,虚心向有经验的技术人员、领导、师傅和同事学习,不断丰富自己的专业知识,提高自己的专业技能,充分了解工作、了解岗位、了解单位,才能很好地适应工作、熟悉岗位,迅速实现角色的转变。

(五)善于思考总结,不断完善自己

医学生在实际工作中,坚持多看一眼,多想一下,多走一步,多做一下,只有勤动眼、勤动脑、勤动手、勤动腿,善于观察问题,才能发现问题,用自身掌握的知识去努力解决问题,才能掌握大量的第一手资料,分析研究职业对象的内部规律,也才能培养自己的独立见解,逐步具备独立开展工作的能力,更快地进入职业角色。勤于观察思考,善于发现问题,不断总结,汲取经验,补充不足,完善自己,是医学生向职业人角色转变的有力保障。

(六)融入企业文化,尽快转入职业人角色

企业文化是企业在发展过程中培育形成的企业价值观,对于提高员工的思想道德水平,增强企业的凝聚力起着重要的作用,也是提高企业核心竞争力的重要手段和方法。实践表明,医学生尽早融入企业文化,使个人的行为、风格、思维模式与企业文化相适应,对于自己尽快达到企业的要求和期望,被企业及其他员工认同,成为企业骨干,最大限度地发挥自己的聪明才智和自身价值有重要帮助。而校园文化和企业文化之间存在着较大的差异,这些差异导致了医学生不能顺利地完成从学生到企业员工的角色转变。因此医学生要有意识地寻找校园文化与企业文化的连接点,自觉感受和了解企业文化的实质和要求,潜移默化地规范自己的思想和行为,主动培养顽强拼搏、勇攀高峰的主人翁精神,爱岗敬业、恪尽职守的工作态度,严谨负责、一丝不苟的工作作风,顾全大局、团结协作的工作精神,主动融入到企业文化中,尽快转入职业人角色。

社会的发展,医学的进步,使医学与社会的联系越来越广泛,医学生必须端正心态,认同职业角色，同时主动扮演好职业角色，缩短社会适应期，实现从学生到职业人的完美转变，才能成为顺应时代潮流的医学人才。

思考题

1. 医学生的角色定位是什么？如何培养医学生的角色意识？
2. 结合你自己的实际情况，谈谈如何从医学生转变为医务工作者？

第六章　医学生就业渠道与求职定位

章首语

面对就业，医学生的心理是复杂多变的。通过几年的校园学习与生活，同学们在知识、能力与人格方面有了积极的显著发展，有着强烈的就业意愿和积极的就业动机，为能实现自己的人生价值而感到由衷的欢欣；而就业岗位和就业方式的多样化也为大学生就业提供了更多的机遇和更大的自由度，许多大学生都摩拳擦掌，跃跃欲试，准备在所学专业领域一展身手。但是在就业过程中，又难免出现种种心理矛盾、心理误区、心理障碍和各种问题的困扰。因此，同学们一定要保持良好的就业心态，通过有效的就业渠道，积极主动收集和合理使用就业岗位的需求信息，正确调整就业观念，找准职业定位。

学习目标

1. 通过对常规就业渠道和特殊就业渠道的认知，学会有效的求职方法。
2. 了解和掌握求职定位内容和避免误入误区的方法。
3. 学习和了解如何正确调整就业观念，找准求职定位。

第一节　医学生就业渠道

随着各类医疗卫生服务机构的蓬勃发展，目前，医学生的市场需求量较大。但面对众多的就业职位，每一个高、中等职业院校的毕业生，一定会想到如何才能最快找到适合自己的工作，找到合适的用人单位，顺利获得理想的职业岗位。求职过程中一个重要的步骤就是从各种渠道寻找有效信息并加以分析综合，这是任何一个求职者所必经的一步。

“渠道”指的是搜集工作信息以及求职的途径。对渠道进行分析的目的是为了尽可能抓住一切工作机会并有效地把自己推销出去。求职信息渠道大致可分为两大类，即常规渠道和特殊渠道。常规渠道主要包括招聘会、学校推荐、报纸杂志、网络等；特殊渠道主要包括人脉资源、主动求职、求职团队、曲径求职、单位实习等。一些常规的渠道大多数人都会用到，像网络求职、招聘会等，而另外一些非常规的渠道则很少有人想到去加以利用，像依靠人脉关系等。处在不同职业状态的人所采取的获得职位信息方式也不一样。求职初级的职位，比如毕业生求职、有二三年工作经验的职业人群转换工作，一般都需要采取主动的姿态全面出击，利用自己身边的一切资源来找一个合适的工作。而对于一个有相当丰富管理经验或者专业技术的职业人士来说，常常是好工作自己找上门来，这一类人群的职位信息通常都是通过猎头顾问或者业界的同事朋友介绍的。去招聘会、到人才市场、登广告或是请朋友帮助推荐，这些方法都可行，但一定要采用适合求职者具体情况的求职方法，这样才能事半功倍。正确的做法是把所有自己能够用到的渠道都充分利用起来，在这一过程中需要求职者充分发挥自己的主观能动性。

一、就业的常规渠道

常规渠道主要包括招聘会、学校推荐、报纸杂志、网络、微博、微信等。

（一）招聘会

目前的招聘会主要有两种：一种是大型综合招聘会，一般选在大型的展览中心和体育场所。可以吸引几百家甚至上千家各种行业和类型的公司前来现场发布职位信息并与求职者见面。大型的招聘会一般按季度举办，比如昆明、成都的秋季人才招聘大会。另一种是规模比较小的专业人才招聘会，参加的公司企业都是来自特定行业，前来的求职者也多以该行业和职业类型为求职目标。比如昆明医科大学举办的医药类人才供需见面会。

医学生临近毕业时，学校每年都会邀请很多用人单位到学校开展校园招聘。这不仅为用人单位搭建了一个与毕业生面对面接触的平台，而且也为毕业生提供了大量的就业需求信息，包括招聘单位的基本情况、招聘条件、相关政策及岗位职责等学生必须掌握的重要信息。医学生应积极参与，尽可能多地了解并收集相关情况，抓住机遇，实现就业。

值得注意的是，与获取职位信息的其他方式相比，招聘会可以让求职者在较短的时间内与招聘公司直接见面，对公司情况和公司人员素质都有一个直接的印象。但是招聘会通常人多拥挤，无法事先知道医院（公司）待聘职位的详情。

参加招聘会，为提高成功率要注意以下几点：

1. 要早去晚归 尽可能在会场多待一些时候。招聘会场是广泛联系的好地方，这就像参加了上百次的面试。

2. 要沉着镇定 喧闹的会场，熙熙攘攘的应聘者，毕业生对此场面要有心理准备。可查看会场平面图，选择目标企业，圈出要应聘的医院和公司。但在去理想单位前，先试一下其他的单位，这可以帮助自己获得自信。

3. 要穿职业装 因为衣着十分重要，打扮齐整，把简历等个人资料放在方便取放的文件夹内。不要把外套搭在胳膊上，以便腾出手来与招聘人员握手或者填写表格。

4. 要善于推销自我 准备好在乱糟糟的环境下向别人推销自己。不要长篇累牍，因为招聘人员时间有限。要学会如何最有效地表达自己，因为别人也在等着与招聘人员谈话，理想情况是三分钟搞定。

5. 要亲自去感受 不要过分根据朋友或家人听到的传言而热衷或歧视某个医院或公司。要亲自与招聘单位的人接触，做出客观明智的选择。

关于一些临时招聘会的信息，可以登录各大招聘网站，从报刊、电视媒体中了解或从其他渠道了解。

（二）学校推荐

学校推荐就业是当今许多高、中职生毕业首选的就业途径，由于具有权威性和可靠性，容易得到用人单位的认可和信任，推荐的成功率也较高。近年来许多高、中职学校成立了就业指导中心、就业办公室等职业指导机构，利用校园招聘会、校企对接会等形式为学生就业提供咨询和服务，为学生走向社会成功就业起到了积极的作用。它的优点在于竞争对手相对少一些，针对性强。与专业相关的职位信息丰富。但是也有一些缺点，主要表现在：应聘职位受专业限制严重，所获取信息局限于本校资源。

求职者应该充分利用学校就业服务中心的一切资源，包括就业网招聘信息、就业中心登记等，为自己寻找尽可能多的机会，这样才能在激烈的竞争中胜人一筹。

1. 学校推荐就业 学校是连接学生和社会的桥梁。学校推荐，就是通过学校就业指导中心、就业办公室等部门推荐就业岗位。学校就业指导中心在与用人单位的合作中，会与用人单位建立长期而稳定的工作关系，了解和掌握大量的就业需求信息，应该说这是学生重要的就业信息源。学校往往通过请用人单位到学校招聘、学校推荐学生到用人单位面试等形式使学生获得就业岗位。

2. 订单式就业 为了避免发生医学生的学习内容和求职就业与用人单位需求脱轨的现象，订单式就业成为一种新兴的就业模式，这种就业模式往往是通过学校与用人单位合作，在人才培养目标、岗位能力的确定、教学计划的制定、教材的选用、招收学生、专业教师的委派、专业实习、学生毕业分配等环节上统一加以整合，学生学业完成时可以直接到企业顶岗实习，经考核合格可留在企业就业。这种就业模式由于实效性和针对性强，深受用人单位和医学生的喜爱。

（三）报纸杂志

在报纸和刊物寻找职位信息是最常见的求职方式之一。对于刊登求职信息的报纸一般也分两种：一类是大众类报纸，比如北京青年报，南方都市报，春城晚报；另一类是专门的人才类报纸，比如人才市场报等。

报纸招聘有一个显著的特点，就是地域性比较强。每个地区的主要大众报纸一般都开辟有相关的分类广告版面，刊登大量的本地区招聘信息，这些职位都是针对本地读者发布的。目前国内许多地方性报纸刊登的招聘广告还有一个特点，那就是职位空缺趋向于中小企业、医院中技术成分不高、工作难度不大的工作。另外，一些行业的专业刊物也是比较好的求职渠道，尤其是对寻求专业对口的技术类职位而言。

（四）网络

随着互联网的快速普及，网络也逐渐成为求职中一个不可忽视的信息渠道。现在已经有越来越多的人把网上求职作为找工作和跳槽时的首选方式。如今利用网络寻求信息相对其他信息渠道来说，信息量大、成本低、方便快速，但是竞争对手多、信息反馈慢、成功率低。大型人才网站和省、市政府人事部门发布的信息相对可靠，是求职中一项重要而且非常实用的信息渠道。其中医学生特别需要关注的主要网络渠道是各地州人事局的人才招聘网，这是卫生事业单位招聘的主要途径。

在求职的时候，医学生可登录希望去应聘的公司网站，也能有意外的收获。很多企业在自己的网站上除了介绍本企业的产品和服务信息外，也有专门的页面发布企业职位空缺，而且一般都有关于递交简历的说明。如果网站中列出了详细的空缺职位，医学生可以针对自己喜欢的职位递交简历。如果网站中没有递交简历的说明，可以找到一个有用的电子邮件地址，把简历同时以纯文本形式（方便接收人阅读）和 Word 文件形式（方便接收人打印）发送出去，当然要确保文件没有携带病毒。虽然通过这种方式和公司取得联系需要等待较长一段时间，但也不失为一种快速有效的途径。

当然，在享受互联网求职快捷和方便的同时，也有一些需要注意的事项：

1. 网上求职要保持平和的心态 求职者要坦然地面对挫折和困难，不必自卑胆怯和过分焦虑，要积极调整心态迎接挑战。

2. 注意防范网上求职的一些骗局 求职者为了防止网上诈骗，一定要登录正规网站。一般正规网站在刊登人才需求信息时，都会仔细验证招聘单位的真实性，要求对方能提供单位营业执照、办理人员的身份证件以及加盖公章的单位证明等，严防虚假信息的传播。

3. 网上求职注意保密 网上求职要注意对一些私人的信息进行相应的保护，比如不要在网站上透露家庭地址，求职者只需要留下个人的电话、电子邮箱及自己的大概位置就可以了，以防为一些骗子所利用，对于一些准备跳槽的求职者。如果不想被现在就职单位了解到自己的求职资料，可以用自己的英文名，或者在个人资料设置中将自己的个人资料设置成对部分单位保密(目前多数招聘网站都有这一功能)。

(五) 微博、微信

随着智能手机的普及，以微博微信为代表的即时通信服务使招聘求职进入了"微时代"。微博微信平台发布信息快捷、读取信息方便，为求职者特别是大中专学生就业开辟了服务新渠道。目前，企业运用微博微信招聘主要有两种方式，一是在微博微信里公布招聘信息，第二种则是在其他社交平台同时公布招聘信息和微博微信号。这种找工途径成本低，但不能定位某类人群，求职者通过这些平台找工作，不能充分了解求职单位的信息，所以求职者需要注意求职过程的安全性，可先审核微博微信主人的身份，并搜索其公司在其他媒介是否也有同样的招聘信息，提高求职的安全性。

二、就业的特殊渠道

就业的特殊渠道主要包括人脉资源、主动求职、求职团队、曲径求职、单位实习等。

(一) 人脉资源

比尔·盖茨说过："一个人永远不要靠自己一个人花100%的力量，而要靠100个人花每人1%的力量。"

所谓人脉资源，就是通过熟人、朋友，联系有关人员，以获得职位空缺的信息，或结识知道职位空缺信息的有关人员，而最终目的就是要找到对空缺职位有决定权的人。

利用个人的人事关系资源网来寻求工作，这是很重要而且很有效的一种求职途径。据有关研究和统计，有63%～75%的工作是通过关系网途径获得的。这是因为很多空缺的职位是源于刚刚有人退休，刚刚辞退不合格的员工，或是还在案中的扩编计划。这些空缺并没有在报纸上刊登广告，甚至也没有上报给人事部门。

通过朋友、熟人等社会关系求职是找工作的最佳途径，而且成功率相当高。告诉朋友们自己需要什么样的工作，他们会注意本公司的职位空缺，或者会把你推荐给其他公司。通常，一份由熟人推荐的简历会比那些众多的陌生简历更容易得到领导的重视。

通过人脉资源求职的步骤如下：

首先应该列出社会关系网中，那些能直接或者间接帮助你求职的人的名单。名单可分为三类：

核心名单——家庭成员和同事。他们是早晚都见面的人。

次要名单——朋友和熟人。你认识他们，但是不常见面。

外围名单——你不认识但是可能会有所帮助的人。

致电对方，尽量争取和对方会面。做好每一次会晤的准备。事先准备好想了解的问题，当场做好笔记。别忘了让对方提供更多的联系人。询问清楚，在联系推荐人的时候，是否提及推荐者的名字。

让推荐者明白，你非常珍视他们的时间和信息。这种方式求职也不是万能的，要确保与相关人士保持密切联系，以保持信息渠道的通畅。

(二) 主动求职

求职专家认为，求职中的主动表现在两方面：一是主动为自己寻找机会。主动登门拜访或采取刊登求职广告等形式来推销自己。二是在面试后主动做一些适当的“工作”。这些都会使企业认为你对这份工作很有热情，对企业也是非常感兴趣的，从而增加对你的好感。“应主动去雇用老板”是主动求职的原则。相对其他渠道，主动求职，竞争对手相对少一些，针对性强，一旦获得青睐，则容易成功。

主动求职者需要注意：主动并不是对任何公司都会有用处的，根据工作不同、职位高低等因素，可“因地制宜”地选择是否主动，比如低级职位可以多主动，高级职位可以少主动；规范的企业可以少主动，不规范的企业可以多主动；个人条件和应聘工作要求差距大的时候少主动，差距小的时候多主动。

主动求职时，在薪金的谈判方面比较有利于求职单位，而不利于个人，求职单位可以抓住求职人的心理，趁机压低其期望值。这点需要事先做好心理准备。

主动求职千万不要做过头，否则容易引起对方的反感。

(三) 求职团队

求职团队，顾名思义就是为了共同的求职目标而组建的一个团队，这个团队的成员共享求职信息，共同以一个团队的形式应聘目标单位。

以求职团队的形式获取信息，通常接触信息的面广，可以互相借鉴参考有用信息。但是这种求职方式的弊病是一个人会影响到全体的情况。

首先，团队求职的最大好处是节省了用人单位的成本。现在，一般企事业单位的招聘周期很长，由发布信息、收简历到面试，需要经历漫长的过程，即便只招一个人，按流程也需要十几天，而小团体求职简化了烦琐的程序，让企事业单位以较小的投入获得较高的回报。

其次，成熟的团队经过专门的培训，具有良好的工作理念，可以减少人员重新磨合的时间。团队的合作精神是现代企业文化的核心，而小团体求职恰恰体现了这种合作精神。

最后，对于求职者个人来说，团队求职在保证专业方向的同时，也减少了因个人形式带来的就业压力，专业人才可以真正把更多的精力投入到本职工作中，工作开始变得有趣。

因此，团队求职无论对用人单位还是对求职者都是有益的。当然团队求职也会对用人单位产生一些潜在的不利因素，比如有时会出现集体跳槽的状况。但是，对求职者来说，这无疑是一种迅速、有效地获取信息的渠道。

(四) 曲径求职

先就业，再择业，先当“保姆”再当“管家”。为了能给自己一个充分展示才华的机会，如今很多求职者已改变过去求职心急、妄想一步到位的做法，而理智地选择了“小步慢跑”：降低身价先工作，在工作中展示才华，实现梦想。

另外，还有一种曲径求职的方式是参加一些公益性岗位、大学生村官或各大公司一些以招聘为目的的俱乐部或类似活动。这样简历就会被录入用人单位的人力资源库，就有可能得到理想的职位。

（五）单位实习

紧紧抓住在实习单位的机会，努力表现，如果双方合适，省心省力，当然是最简洁的求职方式。同时经过一段时间的实习，对单位的领导、同事及各方面的情况都有些了解，正式进入后也便于工作的继续开展。目前很多医院或企业都愿意从实习生中招聘正式员工，以减少培训和磨合时间，已经有越来越多的求职者选择这种方式进入自己的目标单位。

据统计，利用实习来找工作，是成功率最高的求职方式。所以，找准实习单位非常重要。如果就业的区域和单位基本确定，就应该有的放矢，那些肯定进不去的单位，或者是自己不感兴趣的区域，就不要去浪费时间。而且实习的过程一定要努力，把自己的闪光点一一亮给单位看，在实习的时候可以发现问题，并且给出解决问题的方案，这样能够让单位对你产生依赖感，那就是成功的实习。

猎头公司

“猎头”一词属舶来词，在英文里叫 Headhunting，原意指割下敌人头作为战利品的人，这里意为物色人才的人，即发现、追踪、评价、甄选高级人才。在国外，猎头公司是一种十分流行的人才招聘方式，随着我国市场经济的发展，国内各大城市亦开始出现数以百计的猎头公司。与职业中介机构不同的是，猎头公司采取隐蔽猎取、快速出击的主动竞争方式，为所需高级人才的客户猎取人才市场得不到的高级人才。

第二节　医学生求职的定位

典型案例

小程是药剂专业的学生，当年入学的时候，是服从专业调配就读的药剂专业，实习时勉强进了个小医院药房发药。三年学习下来，自己觉得并不喜欢，每次考试也是勉勉强强地过了。面临找工作了，想找一个有层次的医疗机构工作，但太难，想放弃自己的专业吧，又不太情愿，毕竟学了三年，选择其他职业吧，自己也不知道做什么好，况且也担心自己缺乏专业上的优势，一个门外汉哪能和科班学生竞争呢。因此小程就想找个 2000 元左右的工作或者好一点的企业先混着。但招聘会跑了很多，简历也投得不少，找来找去，却总找不到符合自己要求的岗位，眼看着周围的同学一个个有了方向，小程忧心忡忡。

案例分析：在小程的身上，我们可以看到应届医学生在求职时的突出问题——盲目就业。应届生求职首先考虑的是找到一个饭碗，生存需求是第一位的，这时发展方面就顾不上了。缺乏准确的求职定位，盲目就业是发展受挫、人职不匹配等种种后遗症的根本原因。求职定位是自我定位和社会定位两者的统一。因此要做到准确定位，就要做到知己，知彼，科学决策。知己主要是要了解自己能够做什么，面对专业和职业，自己应该如何选择，自身的能力可以以多合理的价格和企业论价；做到知彼——就要了解企业招聘的是什么样的岗位，企业愿意为此支付多大的成本，企业所在的行业是旭日东升还是夕阳西下等；科学决策是在了解个人和企业的基础上，使个人能力与企业需求达到一个平衡点，使个人的价值量化，打下职业生涯发展的基石。

俗话说“无志之人常立志，有志之人立长志”，医学生在找工作前应建立明确的求职定位。求职定位就是在了解自我的基础上确定自己的职业方向与目标，并制定相应的计划，避免就业的盲目性，降低就业失败的可能性，为个人走向职业成功提供最有效的途径和方法。

一、求职定位的内涵

求职定位是指毕业生根据自身特点和社会用人需求，对个人就业地域、单位、岗位、薪资、职业发展方向进行规划。它包含两层含义：一是毕业生求职定位应与个人自身特点相结合。毕业生在进行自我定位时首先要充分考虑个人的兴趣、性格、气质、能力、职业价值观等个人特征；二是毕业生求职定位应与社会用人需求相结合。毕业生求职定位属于社会活动，受到社会的制约，它既体现学生的个人需求，同时还体现社会需求，任何脱离社会需求的就业选择都是不现实的。为此，毕业生求职定位应把社会需要作为出发点和归宿点，同时体现个人愿望。

二、求职定位的内容

求职定位可以包含以下几方面的内容：

(1) 自己喜欢做什么（主要包括兴趣、价值观等）。

(2) 自己适合做什么（主要包括性格、气质、天赋才干、智商情商等）。

(3) 自己擅长做什么（主要包括职业能力倾向，比如言语表达、逻辑推理、数字运算等）。

(4) 自己能够做什么（主要包括自己掌握的专业知识、技能和工作经验等）。

三、求职定位的原则

(一) 社会需求性原则

社会需求性原则是指毕业生在选择就业岗位时，应把社会需要作为前提，以社会对人才的要求为准则。人所从事的职业活动是社会的职业活动，必须满足社会的需求。社会需求促成了职业的分工，从而使职业岗位的选择成为现实。毕业生求职定位时，如果其选择是符合社会需求的，就有实现的可能。因而，毕业生在求职定位时一定要做到个人需求服从社会需求，当个人择业目标与社会需求发生矛盾时，应及时地调整个人的择业目标，使其与社会需求相一致。

(二) 政策约束性原则

政策约束性原则是指毕业生在职业定位时，应把有关政策作为择业必须遵守的规范。国家为了保证社会经济的全面协调发展，在实施人才强国战略的过程中，必然会制定政策，从宏观层面来调控人才的流向和分布。比如对不发达地区人才政策的倾斜，重点行业就业计划的下达等，都较为有效地满足了这些地方对人才的需求。就业政策是国家根据社会需求情况制定的，带有一定的强制性，要引导毕业生到最需要自己的地方去施展才能，以实现人才资源的合理配置，避免人才资源的挤压浪费。

(三) 发挥特长性原则

发挥特长性原则是指毕业生结合自身素质状况，根据个人特长来选择职业岗位。毕业生职业定位时要遵循发挥特长性原则，对个人发展和社会发展都有重要意义。首先，有利于毕业生迅速适应社会。毕业生从学校走上社会需要一个适应过程。毕业生如能够发挥个人的特长，就能较快地胜任本职工作和适应社会。其次，有利于毕业生增强自信心。毕业生选择并从事能够发挥自己特长的职业岗位，就会保持良好的精神状态，在积极主动的工作中取得成绩，增强自信心。再次，有利于人才资源的合理配置。当个人的特长与职业岗位的要求相适应时，就能做到人尽其才，才尽其用，使人才资源得到合理配置，促进社会的发展和进步。

（四）利于成才性原则

利于成才性原则是指毕业生在求职定位时，应以有利于自己成才的意识来选择职业岗位。毕业生都希望自己走上社会后，能够有所作为，因此，毕业生择业时要树立两种意识：第一，树立基层意识。目前我国的人才流向不合理的现象仍十分突出，经济发达地区和大城市尽管人才拥挤，但仍是人才流向的“热点”，而广大边远地区和基层单位，虽急需人才，却仍是人才流向的“冰点”。毕业生应意识到，基层才是“用武之地”，才是走上成才的最佳之路。第二，树立艰苦奋斗意识。艰苦奋斗是创业者、成才者必不可缺的精神支柱。实践证明，大中专毕业生中大凡成才者，都有过艰苦奋斗的经历。因而，每个渴望自己能够成为社会有用之才的毕业生，都要有到艰苦环境中锻炼的勇气和精神准备。

四、医学生求职定位中存在的误区及分析

相对于其他专业的毕业生，医学专业的毕业生就业的确定性比较强，就业形势一直较好，导致医学专业毕业生缺乏竞争意识，没有紧迫感，就业观念更新无法与就业市场的变化同步，在就业和择业时，仍然存在浓厚的经济意识和区域观念，不少毕业生仍执着地追求大医院、大研究所、大机关、大企业、大城市，不敢轻易选择企业单位或私立医院。其存在的主要误区是：

1. 自我陶醉　一些医学生求职定位想当然，有的一进大学就准备“考研”，很少考虑工作的事情，连社会活动也不参加；有的脱离自己的实际而盲目地考证或参加培训，以此来增加就业“筹码”；有的将自己的兴趣视为职业能力，依赖“兴趣”来确定求职的坐标，等等。

求职定位就是要为职业目标与自己的潜能以及主客观条件谋求最佳匹配。医学生对某一特定职业有兴趣并不意味着一定能干好这个职业，只有在对某一职业目标感兴趣并具有该职业所要求的技能时，才能取得成功。因此，在求职定位时，千万不可自以为是，而应当了解自己和职业要求的差距，并仔细比较，权衡得失，定位好自己的职业方向。

2. 目标迷离　一些医学生由于职业知识的缺乏，导致就业目标与方向的模糊、不稳定。有的学生好学，但不知道自己应该学什么；有的求职时到处投放简历，甚至发给谁了都不知道；有的抱着“先就业再择业”的想法找工作，结果随便进了一个不喜欢的行业，工作不久想跳槽却又无能为力，痛惜往日；有的学生求学阶段目标缺失，惰性十足，学无所成毕业，求职屡屡碰壁。

没有明确的职业目标，不清楚自己的职业倾向，医学生便无法权衡什么是适合自己的工作。只有在择业前先定位好职业目标，找准人生的方向，找对适合自己的路，才有可能到达成功的彼岸。

3. 盲目跟风　一些医学生不考虑自身条件、职业特点和用人单位的要求，同时也不清楚自己是否适合这个职位，是否与自己的职业目标、人生规划相一致，往往不顾主、客观条件，盲目追求高工资、高福利的理想工作和热门职业，结果造成多人争过独木桥的“扎堆”现象，理想目标可望而不可即，既影响成功择业又浪费了自己的优势。

医学生求职能否准确定位，取决于两个方面：一是对自己的了解，即了解自己，不仅要问自己爱什么，还要问自己能干什么，有什么样的特长和能力，如果没有那样的能力，应该如何去弥补；

二是对用人单位和竞争对手的了解。看看环境是否有适合自我发展的空间，把希望进入的行业摸透了，择己所长，扬长避短，成功也就在握了。

4. 漫无目的 一些医学生求职时“见一家爱一家”，今天认为这个单位待遇不错，明天又觉得那个单位有利于自己发展，这在网络求职中尤为突出，最后在多个单位与多个职位中难以取舍，高不成低不就，丧失就业的最佳机会。

我们从小就知道小猫钓鱼的故事：一只小猫在河边钓鱼，一会儿看到蜻蜓飞过来了，就跑去捉蜻蜓。看见蝴蝶过来，又去捉蝴蝶。结果什么都没捉到，鱼也没钓到。这个故事告诉我们，要清楚地了解自己，坚守自己的职业定位，珍惜每一次机会，把时间精力用在几家意向企业和重点职位的面试准备上，才能有效地找到适合自己的工作。

5. 缺乏主见 一些医学生在求职定位上容易受社会上一些舆论的左右，亲朋好友的影响，择业缺乏独立的决断力，关键时刻没有主见，往往过分看重别人的意见而轻易放弃本来适合自己的工作岗位，没有按照自己定位的方向发展。

毕业生的职业生涯发展很多时候需要依靠自己的力量做出抉择，真正知道自己想要什么、喜欢什么、擅长做什么，父母、亲朋好友等的帮助是建设性意见，不能替代自己。喜剧明星范尼·布莱斯说得好：“你就是你，不是别人眼中的你。如果你习惯了拿别人的意见当拐杖，当某一天这根拐杖消失了，你该怎么办呢？”

6. 急功近利 一些医学生对自己的职业倾向缺乏准确的判断，往往急功近利，过高估价自己，过分强调职业的社会地位，不是嫌这儿工作不理想，就是嫌那儿薪酬太低，高难成，低不就；有的自我定位很高，希望在未来的工作中做出一番事业，但他们往往缺乏脚踏实地的敬业精神，不能从小事做起，从底层做起，从现在做起。

医学生要成就自己的职业生涯，必须处理好就业理想与就业现实的关系，要认清就业形势，客观评价自己的才能，放松心态，少一些燥热，多一份沉着和踏实，不要孤芳自赏，定位过高，不要苛求单位会给自己带来什么，而要考虑自己能给单位什么，从是否有利于自己才智的发挥，是否符合社会的需要出发，分清主次，做出自己的职业抉择。

7. 急于求成 一些医学生“宁当凤尾，不为鸡首”，希望“一次定位，终身受益”，从此捧定金饭碗，到头来却事与愿违。

求职定位是过程，不是结果。伴随着经济、社会的快速发展，新职业不断涌现，很多人面临着重新定位、二次选择甚至三、四次选择。现实不同于理想，从现实到理想的实现有一个过程，绝不可能一步到位。做好求职定位并不是帮助人一步到位找到理想工作，而是要通过充分认识自我和深入探索职业，结合现实的环境以及机遇，逐步找到自己的职业发展方向和人生定位。因此，对医学毕业生而言，不应求一步到位，但求步步到位。

8. 缺乏自信 一些医学生对自己评价过低，低估自己的知识和能力水平，看不到自己的优势，在择业中，有的悲观失望、抑郁孤僻，觉得事事不如他人，不敢参与就业市场竞争；有的怕吃苦、怕失败，不愿承担新的或是更多责任的工作，自甘平庸；有的缺乏自信，过于拘谨，优柔寡断，不能向用人单位充分展示潜能，从而错失良机。

习惯于低估自己，往往弄假成真。医学生要在不断提高自身素质以适应用人单位需求的同时，摆正自己的位置，不管有多大压力，都应该正视自我。只有正确定位自己，自强自立，才能从自卑的阴影中走出来，以自信、自尊的心态融入职场，展示自我。

五、做好求职定位，笑傲职场人生

“市场导向、政府调控、学校推荐、学生与用人单位双向选择”是目前毕业生就业的基本政策。在这种背景下，毕业生择业和单位选人的自主性都增强了。所以，医学生要调整就业观念，找准定位。

（一）充分认识自我，做好就业决策

医学生在择业前要先对自身素质进行一次彻底的了解和评价，对自己的专业特长、兴趣爱好、为人处世，以及个人的形象、气质、性格、语言表达能力和理想志愿，做一次全面充分的分析，对自己将来的事业发展有一个确切的定位，明确知道自己能干什么，擅长什么，想干什么。

（二）沉着把握形势，确立就业目标

在选择职业和确定目标单位之前，应从环境分析、企业分析等方面评估职业和目标单位的各种因素对职业生涯发展的影响。顺应社会劳动力的流动分配形势，适时调整自己的就业心态，切忌按照自己的主观意愿挑选就业地域和企业类型。然后根据自身的特点，确定一个适当的择业范围，寻找符合自身条件的“目标单位”；再次，还要考虑应聘首选目标成功的把握性，并事先准备相应的对策，一旦首选目标单位应聘失败，必须及时做出调整。

（三）积极主动出击，树立竞争性的择业观

要树立竞争性的择业观，充分展示自己的特长，如学习成绩、获奖情况、实习和实践经历，以及社会工作能力等，这样才可能被伯乐相中。如果一味地“等、靠、要”，结果只会是一事无成；另外，还要知己知彼，通过与竞争对手的比较，对自己的优势和不足有一个比较客观的认识。

（四）学以致用，明确选择方向

学以致用，狭义是指“专业对口”，广义是指毕业生无论从事何种类型的职业，其工作性质都与所学专业有密切的联系——可以是本专业范围内的工作，也可以是相近专业的工作。学以致用，可以充分发挥毕业生的专业特长，使毕业生在工作中如鱼得水，脱颖而出，同时也能避免人才浪费。

（五）自强自立，树立科学就业观

1. 努力提高自身的综合素质 医学生要具备把自己的事业与国家进步、社会的发展及人类的文明融为一体的品格，崇尚真善美，坚持真理，有强烈的事业心和责任感，并具有良好的职业道德，树立正确的世界观、人生观、价值观；要具备合理的知识结构，具有创新精神；要有良好的心理素质，能视变化为机遇，视困难为坦途，有顽强的自制力，坚定的信念，对生活充满期望，充满热情；要有良好的身体素质，要达到目标需要的体力与耐力；要注重能力的培养，尽可能培养自己处理信息的能力、处理人际关系的能力、系统看待事物的能力、处理好人与资源的能力、运用技术的能力等。

2. 加强社会实践 要尽可能地利用假期积极参加社会实践，将所学的理论知识与实际工作相结合，提高处理实际问题的能力，积累工作经验。

3. 正确就业定位 求职择业应当面对现实，根据市场实际状况更新观念，转换思路，到最适合的岗位上工作，而不应过分关注工资水平及地理位置等，只有这样才能充分发挥聪明才智，最终实现人生价值。

4. 借助各种渠道，把握就业机会 要积极利用人才交流会、网络资源等途径，寻找合适就业

岗位，主动大胆地把自己的真实才干推销出去，珍惜和抓住来之不易的就业机会。

5. 先就业后择业 面对严峻的就业形势，医学生应转变就业观——先就业后择业再创业，求职择业不能追求一步到位，如果斤斤计较眼前的职业岗位是否理想，那就会失去许多起步的机会，可以在先就业过程中积累工作经验，使自我价值得到较大的提升，为以后找到理想的工作奠定基础。

医学生就业难不难？

某医学院对2002—2010年9年间毕业生的就业单位性质状况进行调查分析，研究发现，约有73.6%的毕业生选择医疗卫生单位工作，随着时间的推移，就业范围也越来越宽，9年间有62名毕业生去了机关单位或教学科研单位就业，248名即6.9%的毕业生考取了研究生继续深造，而1997年只有个别同学继续读研；此外，还有258名即7.2%的毕业生去了企业单位就业，不足2%的毕业生仍处在待就业状态。

医学生就业难，其实并不是学生找不到就业单位，而是难在职业与就业观念上。学生就业观念没有完全转变。是先择业还是先就业？大部分学生选择了前者，特别是医学专业的学生，去医院、搞临床、做医生的单一思想定式根深蒂固，对一些与医药学相关联的如医药推销、保健行业等不关注。另外，抱铁饭碗的思想还相当普遍，不愿从事有一定风险的工作。近几年来，医学毕业生的就业形势发生了较大的变化。一方面，由于医科院校的不断扩大招生，医学毕业生人数激增；另一方面，医疗卫生机构改革要求提高医疗卫生质量，精简机构，减员增效，对毕业生的需求层次不断上移，尤其是大多数用人单位不顾实际一味追求高学历和名牌大学毕业生。一些县级医疗机构甚至乡镇医疗机构开口就要硕士生、博士生，根本不考虑自己的实际情况，导致传统的医学毕业生就业的主渠道吸纳能力大大减弱。另外长期以来，相对于其他专业而言，医学专业毕业生的就业形势一直较好，使他们缺乏竞争意识，普遍存在追求高薪、追求舒适、追求名气的心态，有一次就业定终身的观念，故对就业抱过高的期望。这种供需观念的差异造成毕业生想去的地方去不了，大量缺医少药的基层又要不到人的现象。“无业可就”和“有业不就”现象并存。同时一个医学生的读书成本比一个文科生要高出许多，造成医学生在面临就业时期望值相对比较高，定位于经济发达地区和经济效益好的单位。种种情况都导致了医学生的就业难。

思考题

1. 什么是就业渠道？主要的就业渠道有哪些？
2. 你认为最适合你的就业渠道是哪种？为什么？
3. 谈谈你对订单式就业的看法？
4. 医学生求职定位的内容有哪些？
5. 医学生如何找准职业定位，明确发展方向，按照自己的职业规划选择工作？
6. 由于医学专业的毕业生就业形势较好，就可以随意追求高工资、高福利的理想工作和热门职业吗？

第七章 求职技能

章首语

对于即将走向就业市场的医学毕业生来说，具备了医学的职业素质和工作能力，并不等于就找到了适合的工作单位，他们不但缺乏社会工作经验，也缺乏必要的心理调适和求职技巧，所以，熟练掌握就业技巧并在求职实践中正确运用，就成为求职成败的关键因素。

本章的目的是从求职的实际需要出发，重点阐述就业信息的收集、求职材料的作用、求职简历、求职信的书写要求和常用格式，并从医学类求职角度去分析面试和笔试的特点、要求，指导学生顺利地通过就业门槛。

学习目标

1. 掌握就业信息收集整合应用的方法。
2. 了解求职材料的内容，学会书写求职信、个人简历及自荐书。
3. 熟悉面试前的心理准备、材料准备，注重面试礼仪，掌握面试技巧。
4. 了解笔试种类，打好笔试基础。

第一节 医学生就业信息的收集

典型案例

康复技术专业毕业的小许，同其他毕业生一样，各类招聘会参加了不下十几场。他不是抱怨医院的级别不高，就是医院的地理位置不好，简历投递了数十份，都是石沉大海，没有一家医院约他面试。他很消沉，把未找到一份满意的工作归咎于自己缺乏"人脉"。经学校老师指点后，他将自己还在找工作的情况编成短信群发给所有认识的人，很快就收到了许多条向他推荐工作的短信。经过认真核实、筛选，他找到了一份较为满意的工作。

案例分析：其实，我们谁都不缺乏"人脉"，许多时候，只是我们羞于将自己的困难告诉自己熟悉的人，别人不知道你的困境，自然也无法帮忙。如果你把需要向自己熟悉的人诉说，也许就会意外得到帮助。

就业信息是指用人单位发布的、择业者未知的、经过加工处理后对择业者具有一定价值的客观存在的就业资料和情报。就业信息是毕业生求职择业的前提和必备条件，关系到求职择业的成败，因此，收集和使用就业信息成为毕业生必须具备的基本求职技能。随着高校招生和就业体制的改革，求职越来越趋向于毕业生的自主行为，这就使得医学生必须积极主动掌握就业岗位的需求信息，快捷、方便、合理地使用有价值的就业信息，使其在就业过程中发挥最大的效能，如此才能掌握就业主动权，提高就业的成功率。

一、就业信息的特征和种类

(一) 就业信息的特征

1. 时效性 就业信息的效用具有一定的期限。

2. 共享性 就业信息一经公开发布即为人共享。

3. 针对性 就业信息仅适用于具备相关条件的特定对象。

4. 传递性 就业信息总处于流动和传递状态。

5. 两面性 就业信息既有真假之别,又有积极与消极之分。

(二) 就业信息的种类

1. 就业信息的内容

(1) 政策形式信息:包括国家就业方针、原则和政策,就业相关法律法规、地方用人政策、学校就业有关规定等。

(2) 社会需求信息:包括用人单位对毕业生个人学历、专业、能力的要求,准备安置的岗位,需求人数等信息。

(3) 招聘会信息:主要指各省市人才中心、各高校、部分行业系统举办的招聘会的时间、地点、参会单位的信息。

(4) 用人单位信息:包括用人单位的所在地、准确全称、隶属关系、单位性质、联系方法等。

2. 就业信息的来源

(1) 口头信息:指通过与人交谈获取的信息。毕业生通过与老师、同学、亲朋好友交谈,了解、打听到的就业信息都属于口头信息。

(2) 书面信息:书面信息是指通过书面材料获取的信息。毕业生通过各种有关就业工作的指导性文件,学校和用人单位的各种书面通知、函件等了解的信息。

(3) 媒体信息:媒体信息是指通过各种正式公开发行、发布的媒介载体获取的信息。如,在有关报刊杂志、电视广播、网络发布的就业信息等。

二、就业信息收集的作用

(1) 帮助毕业生了解就业政策,掌握和运用好政策。

(2) 帮助毕业生了解市场、了解需求、了解自我。

(3) 帮助毕业生增加就业机会。

就业信息关系到就业、择业和创业的成败。就业信息的收集是大学生迈向就业成功的第一步,在求职、择业过程中,拥有自己心仪岗位的就业信息越广,求职的视野就越开阔;获得的就业信息质量越高,求职的把握就越大,就业成功率也会相应提高。反之,就要受到一定的限制。随着就业和创业制度的改革,就业信息成了个人就业、择业和创业的重要条件,越来越被毕业生所看重。毕业生如果不了解相关信息,求职择业就会有很大的随意性和盲目性,甚至造成不必要的损失。

三、就业信息收集的原则

1. 真实性、准确性原则 就业信息的准确真实是毕业生就业时做出正确判断的前提条件。

"真"就是要做到信息准确无误。当毕业生从各种渠道收集到大量需求信息后,要善于对比鉴别,辨别其真伪,去伪存真。"实"就是搜集的信息要具体,如用人单位的地址、环境、生产规模、发展前景、使用方向、人员构成、生活待遇、联系人、联系电话、网址、电子信箱等方面。此外,还需了解清楚用人单位需要的是什么学历、什么专业、什么素质的人才,在生源、性格、性别、相貌、外语水平等方面有无特殊要求等。要警惕以下四类招聘信息:一是没有刊登企业名称或者主要信息不全的招聘信息,这种不敢以"真面目示人"的,多是非法公司或行骗中介;二是在报纸上长期刊登"待遇优厚"、"薪资面谈"的招聘广告;三是只留下 E-mail 或者邮政地址的招聘信息,多是非法中介为了获得求职者个人信息所做的虚假广告;四是招聘部门过多,岗位数量过大的广告。

2. 针对性、适用性原则　首先要明确收集信息的目的,有了明确的目的,信息收集才有方向,才有针对性;其次就业信息纷繁复杂,形形色色,并不是每一条信息都适合自己,因而,要求毕业生准确认识自身的专业、特长、能力、性格、气质等方面的因素,明确自己所需就业信息的范围,做到有的放矢,增强就业信息的适用性。

3. 系统性、连续性原则　要将各种相关的、零碎的信息积累起来,然后加工、筛选,形成一个能客观地、系统地反映当前就业市场、就业政策、就业动向的就业信息链,为自己的信息分析和就业提供更可靠的依据。同时,保持信息的连续性,毕业生可以建立连续的电子就业信息库,将平时收集的感兴趣的就业信息,输入信息库,这样毕业生就可以在任何时候享用就业信息。

4. 计划性、条理性原则　有计划性是指根据事先拟订的计划收集不同类型的企业、事业单位的就业信息,并根据自己希望就业的地区有重点地收集,避免大海捞针;同时,毕业生将收集来的就业信息进行归类,或以时间先后,或以地区不同,或以工资待遇等,做到就业信息的收集有条不紊,以便于方便、快捷地使用这些就业信息。

四、就业信息收集的方法

1. "专业优先"收集法　这种方法强调行业特点,侧重依靠所学专业就业。毕业生主要围绕所学专业及相关的行业现状与发展前景等收集相关信息。

2. "地域优先"收集法　这种方法体现地域特点,侧重选择地域就业。毕业生以自己所倾向就业的地域为主进行信息收集,可以先将地域划分为几大板块,然后再具体到省、区,再细化到州、市、县、乡镇。

3. "兴趣优先"收集法　这种方法凸显毕业生的能力特长和兴趣爱好等主观意志,侧重以毕业生兴趣爱好和能力特长为主就业。毕业生在获取就业信息时,充分考虑自己的兴趣、特长等。

4. "就业为重"收集法　这种方法以最能够快速就业为主要途径,先不考虑行业、地域和个人兴趣爱好,而是将各种信息尽可能多地收集起来,然后按照一定的标准进行筛选,选出当前最适合自己快速就业的信息。

上述 4 种方法各有利弊,采用前 3 种方法获取信息时,指向性较强,可以利用有限的时间和精力获取对自己有用的信息,但是存在信息量不足的缺点。采用第四种方法获取的信息广泛,但由于涉及面广,分拣和甄别有用的信息浪费时间和精力。若能将这 4 种方法有机结合起来,效果更好,毕业生可以根据自己的情况加以选用。

五、就业信息收集的渠道

学生获取职业信息的渠道很多,但往往不通畅。据统计结果显示,近 1/3 的学生将宣传媒介作为他们获取职业信息的主要渠道,家庭成员的影响、学校的职业指导分别列为获取职业信息渠道的第二、三位。这说明,当前学校的职业指导工作还没有完全到位,学校教育在帮助学生获取职业信息、形成正确的择业观方面的主渠道作用还没有真正发挥出来。

就业信息的收集不能只靠毕业生四处跑着找单位或发求职信,这种办法的成功率并不高,要善于利用各种渠道广泛收集信息。

(一) 学校就业主管部门

学校的毕业生就业办公室或毕业生就业指导中心,在长期的工作交往中与各部委和省市的毕业生就业主管部门及用人单位有着密切的联系,社会需求信息往往汇集到这里。而且,在毕业生就业过程中,他们会及时向毕业生发布有关需求信息,进行就业指导,让毕业生大致了解当年社会对大学生需求的状况及有关就业的政策规定,学生本人也可以就有关问题进行咨询。学校毕业生就业办公室或毕业生就业指导中心是获取用人单位信息的主渠道,他们提供的信息无论是数量还是质量,都有明显的优势。通过学校毕业生就业办公室或毕业生就业指导中心获得的信息有以下几个特点。

1. 针对性强 一般用人单位是在掌握了该校的专业设置、生源情况、教学质量等信息后,才向学校发出需求信息的,这些信息是完全针对应届毕业生,针对该校学生的,针对性强。而在人才市场和报纸杂志上获得的需求信息,是面向全社会人士的,不一定适用于应届毕业生。

2. 可靠性高 为了对广大毕业生负责,在把用人单位的需求信息公布之前,学校就业主管部门要先对就业信息进行审核,保证信息的可靠。

3. 就业成功率大 一般毕业生只要符合条件并善于把握好自己,供需双方面谈合适,马上就能签下协议书,成功率较大。

(二) 各级毕业生就业指导机构

国家教育部成立了全国高校毕业生就业指导中心,全国县以上各级政府一般都设有毕业生就业指导机构。这些机构的主要职责就是制定所辖区的毕业生就业政策,提供咨询服务,定期向毕业生发布本地区企事业单位招聘信息。

(三) 社会各级人才市场

随着社会主义市场经济的发展,我国人才市场中介机构也应运而生了,在那里,不仅可以通过去伪存真,了解到许多各类不同的机构和职位,而且还为毕业生提供了一次极好的锻炼面试技能和增强面试自信心的机会。

(四) 新闻媒体

在传媒业高速发展的今天,广播、电视、报刊、杂志等新闻媒体已经成为企事业单位或组织介绍企业现状、发展前景和行业人才需求的重要传播工具,具有信誉度高、易于大众接受等特点。每年大学生毕业就业之际,报纸杂志上一般都会刊登一些关于大学生就业的指导信息,从不同侧面和角度反映当年大学生就业的需求情况,毕业生可以从中获得一定数量的医学相关就业信息。

(五) 社会人际关系

每个人都是纷繁社会人际关系网中的一个节点,人与人之间的交往是各种信息交流的枢纽,在寻找就业信息的时候千万不要忘记周围的亲戚、邻居、老师、同学、朋友以及朋友的朋友等通常被称之为“人脉”的群体，也许他们会给你提供一些机会。实际上大多数用人单位更愿意录用经人介绍和推荐进来的求职者，他们认为这样录用进来的人比较可靠。一般可以为你提供信息的主要有以下几类“人脉”。

1. 家长亲友 家长亲友提供的职业信息主要来源于其个人的社会关系，相对固定，有相当大的局限性。一般不反映职业市场的实际供求状况，也往往不太适合那些专业比较特殊、学生本人就业个性比较强或具有某些竞争优势（如学习成绩优秀、共产党员、学生干部、有一技之长等）的毕业生。但这种信息往往比较可靠，一旦被接受，转变为就业岗位的可能性比较大。这种职业信息的数量和“质量”有很大的差异。对有些毕业生来说，家长亲友提供的职业信息是其主要的选择，对有些毕业生而言，则可能只是聊胜于无。

2. 学校的教师或实习导师 由于本专业的教师，比一般人更了解本专业毕业生适合就业的方向和范围，在与校外的研究所、企业、公司合作开发科研项目和教学活动中，对一些对口单位的人才需求信息了解得比较详细。毕业生可以通过专业教师获得这些单位的用人信息，以此来不断补充自己的信息库，而且可以直接找他们作为推荐人或引荐人。

3. 校友 校友提供的职业信息的最大特点是比较接近本校、尤其是本专业的毕业生在人才市场上的供求状况及其在具体行业中的实际工作、发展状况，近几年毕业的校友更有着对职业信息的获取、比较、选择、处理的经验和竞争择业的亲身体会，这比一般纯粹的职业信息更有参考、利用价值。

（六）社会实践和毕业实习单位

毕业生在校期间所从事的社会实践和毕业实习等活动，是实现毕业生和用人单位无缝对接的最好方法。在社会实践和毕业实习的过程中，通过自己的努力赢得用人单位的好感、信任，取得职业信息甚至直接谋得职业的大学生不乏其人。因此，医学生参加社会实践和毕业实习时，应该力求做到与选择就业单位和确立就业意向相挂钩，如果在社会实践或者实习过程中与用人单位达成就业协议也是一个很好的就业途径。

（七）互联网信息渠道

网络人才交流，是通过先进的高科技手段，将求职信息及招聘信息上网公开，用人单位和求职者可以通过网络互相选择、直接交流。互联网上建有许多职业招聘网站，为求职者提供了一种效率高、成本低、内容多，时间快的现代信息收集渠道，突破了人才信息与招聘信息沟通的种种限制，打破了单向选择的传统人才交流格局，毕业生不仅可以在任何地点方便查阅全国各地的招聘信息，与用人单位建立联系、沟通互动和进行网上求职，而且可以查阅到国家和地方大量的就业政策信息。如“云南省教育厅就业服务网”及各地州市人才网。

（八）各种类型的“人才交流会”、“供需见面会”

这类活动有的是学校主办的，有的是当地毕业生就业主管部门组织的。因为是供需双方之间见面，不仅可以掌握第一手用人信息，而且可以当场拍板，签订协议，比较简捷有效。除了以上提到的几种信息获得的渠道外，还可以通过自己在有关专业报刊上刊登广告，或者直接向数百家公司投递求职信件和个人简历，或者查阅电话簿后直接联系用人单位和亲自拜访等方法来取得有用的就业信息，但对毕业生来讲，一般不提倡这几种方法，因为要花的精力太大，而且收效很小。

六、就业信息收集的内容

较完整的就业信息应包括以下几点：

(1) 招聘单位，招聘人数，招聘单位的名称、经济性质、所属部门行业、地理位置、交通状况、用人理念、文化氛围、单位目前的基本情况和发展前景以及详细地址、联系方法。

(2) 招聘职位的具体工作内容、工作环境、劳动条件、工资和福利待遇。

(3) 应聘职位的条件，包括专业、学历、年龄、性别、生源要求、职业资格、技术等级、身体状况、心理素质等方面的要求。

(4) 招聘过程环节，包括报名的时间、地点、方式，应准备的证件和材料（如个人简历、学历证书、职业资格证书、身份证等）。

(5) 在求职和就业方面的国家法律制度与有关政策法规。

七、就业信息的分析处理

在辨析真伪、删掉无效、内容残缺不全信息的基础上，毕业生要根据自己的实际情况、专业和特长等设置一套自己的标准，对信息进行进一步筛选，把力量真正用在刀刃上，记住！适合自己的才是最好的。

(一) 全面、客观、公正地认识自己

毕业生必须要对自己做出一个全面的认识和正确的自我评价：我的核心竞争力是什么？我具备哪些专业理论知识和技术能力？我的兴趣爱好是什么？我的性格特征适合从事哪些职业？这份职业是否可以挖掘和提升我的能力？什么是别人做不到而我做得到的？不但清楚自己想干什么，更要明白自己能干什么，总之要对自己的长处和缺点有个正确的认识。

(二) 充分了解用人单位情况

用人单位的情况将直接影响到毕业生的职业选择。要充分了解其基本情况。作为用人单位，在人才交流活动中往往是宣扬自身的优势，少讲或不讲难言的“家丑”，这就需要毕业生事先对用人单位的情况进行充分调查和了解，做到心中有数。否则，事后违约，不仅给用人单位造成损失，也会给自己带来时间、名誉、精力和财力等方面的损失，甚至耽误求职时间。

(三) 审时度势，选定自己的择业目标

为了适应新形势，毕业生选定自己的择业目标时必须要审时度势，应遵循如下几个原则。

1. 理想与社会需求相结合的原则 毕业生都有自己的人生理想，都渴望走上自己理想的人生道路，在理想与社会需求之间产生矛盾时，要把社会需求、现实的可能和个人的兴趣志愿统一起来，正视现实，降低就业期望值，排除不切实际的想法，充分估计自己的能力、优势，用发展的眼光、长远的观点来指导自己的择业。

2. 学以致用与发挥专长的原则 个人的成长与发展离不开所处的环境，专业、专长在社会实践中能得到不断拓展和提高，有较高素质的职员、较好的学习条件和良好的人际关系的单位，应该是择业的首选。

3. 区域是否适合自己的原则 毕业生的眼光不能只盯在经济特区、大城市和发达地区上，要根据自己的实际情况，做出切合自身实际的选择。

4. 及时反馈信息的原则 在当今变化万千、节奏加快的时代，就业信息传播速度快，共享程

度高，毕业生得到的信息仅仅代表着一种可能的机会，而且充满着竞争，机会稍纵即逝。因此，毕业生获取信息后，一定要尽快分析处理并向信息发布者反馈信息，早动手未必一定能得到这个岗位，但反应迟钝几乎肯定就会失去这个岗位。

八、处理就业信息时应注意的问题

1. 从众行为　即缺乏主见，人云亦云，别人说哪里好就往哪里跑，别人往哪里走，就往哪里凑。

2. 轻信行为　即一味盲从，认为亲友告诉的信息就一定可靠，报刊上的信息就是百分之百的准确，因而未做筛选就做选择。

3. 举棋不定　即陷入大量信息的旋涡中不能自拔，在眼花缭乱的信息面前，左思右想，犹犹豫豫，拿不定主意，其结果只能是竹篮打水一场空。

4. 急于求成　有的毕业生由于缺乏社会经验，真正到了人才市场，就心慌意乱，怕找不到单位，因而一旦抓住信息，不经深思熟虑，就匆忙作决定；有的不慎重，在没有广泛搜集信息时便作决定，而当获取新的信息后，便又要推翻原来的决定。

第二节　求职材料的书写和应用

典型案例

某卫生职业学院双向选择招聘会现场

时间：2013 年 5 月 19 日上午 8：00—11：30，地点：某医学校体育馆内。

招聘广告

××眼科医院因业务拓展现需招聘护士 10 人，要求和待遇如下：

一、应聘要求

身体健康无传染性疾病。

护理或助产专业毕业生，中专以上学历。

具有护士职业资格考试合格成绩单或护士资格执业资格证书，可以在我院注册的人员。

通过面试后统一笔试（请做好相关准备）。

二、待遇

完善的薪酬体系，实行岗位工资＋绩效奖金＋福利的模式。

我院为每一位员工提供中餐。

实行双休制。

为每位转正后的员工购买“五险一金”。

试用期为 1～2 个月。

三、联系人：杨主管　联系电话：×××-××××××转人事部

点评：对于护理专业毕业生来说，本次招聘岗位是比较有发展前景的，待遇也比较优厚。毕业生在求职过程的初期阶段，应做好以下事项：① 投递求职材料，主要是临场书写和投递求职信与个人简历；② 了解招聘相关情况和用人单位选择参加面试学生名单的截止期（一般在一周

内)；③ 在截止期前选择合适时间，采用电话联系方式了解自己的情况，加重用人单位对自己的印象；④ 一旦被选择参加面试，做好面试准备；⑤ 面试通过后注意笔试时间并做好相应准备。

求职材料，是毕业生在求职过程中，为了成功就业而准备和使用的各种书面材料。毕业生准备求职材料的直接目的是为了引起用人单位对自己的兴趣，使自己能够得到面试的机会并最终被录用。在双向选择过程中，大部分用人单位安排面试的依据是有关反映毕业生情况的书面材料，通过这些书面材料来判断和评价毕业生的学习成绩、工作潜力。毕业生要成功地向用人单位推销自己，拟定具有说服力和吸引力的求职书面材料是成功就业的第一步。

一、学校推荐书及应用

毕业生推荐表是由毕业生所在省、自治区、直辖市就业主管部门统一印制并通过各高校发放给毕业生的推荐材料，是学校以书面形式向用人单位提供的反映该毕业生在校学习期间综合情况的真实可靠的文字依据，是学校正式向用人单位推荐毕业生的书面材料，具有较高的权威性和可信度。其主要有以下几方面作用。

(1) 是毕业生具有就业资格的证明文件。只有国家计划内招收的全日制毕业生才有资格领取毕业生推荐表。定向、委培、成人、在职教育等毕业生以及其他非国家计划内招收的毕业生没有推荐表。

(2) 是毕业生申请户口、参加报考公务员或其他行政事业单位等考试必须提供的必备资料。

(3) 是学校向用人单位推荐毕业生的正式书面材料。推荐表内容必须经过毕业生所在高校的相关部门审核并加盖公章方有效。

云南省普通大中专学校毕业生就业推荐表(样本)见附录Ⅰ。

二、求职材料的构成和制作原则

毕业生进入人才市场，与用人单位接触，应准备哪些求职材料呢？我们下面以用人单位的招聘广告为出发点来认识。

(一) 求职材料的构成

求职的书面材料主要包括求职信、个人简历、各种证明材料等。

1. 求职信 也称自荐信，是毕业生在收集需要的信息后有目的地向用人单位做的自我介绍。它是针对特定单位(岗位)的特定人写的，主要表述求职者的主观愿望和特长，以求吸引招聘者的注意力，取得面试机会。求职信在求职过程中作用重大，是学生自我推销、展示自己公关能力的重要一环，因此，求职信从形式到内容都应给人以美感。

2. 个人简历 个人简历顾名思义是反映求职者个人的简要经历，是一个人生活、学习、工作的经历与成绩的概括和总结。它提供给阅读者的信息量应该是全面而直接的。用人单位从求职者的简历中，能够看出该求职者在业绩、能力、性格、经验方面的综合表现，在通常情况下，用人单位都是通过简历来了解求职者的经历，如受教育程度、兴趣、特长等，留下一个初步的印象，从而决定求职者能否参加下一轮的面试。从某种意义上说简历决定着求职者的前程。

3.《毕业生就业推荐表》 是学校就业指导机构发给每位毕业生填写并附有学校意见(鉴定、评价等)的书面推荐表格。该表一般由 3 部分组成，一是毕业生本人的情况介绍；二是毕业生所在院系的推荐意见；三是毕业生所在学校就业主管部门的推荐意见。用人单位往往对该表比较重视，因此，要求毕业生认真填写，妥善保管。

4. 其他求职材料 作为附件，是求职信、个人简历、《毕业生推荐表》的补充和证明，主要包括学校教务及其他部门出具的相关资料，包括成绩单、相关证书复印件（外语等级证书、计算机等级证书、各类奖学金及其他获奖证书、各种技能证书、各种职业证书等）、社会实践（实习）鉴定、院系教师的推荐信、公开发表的论文、文章及其他成果复印件或证明等。

（二）求职材料的制作原则

无论是求职信、个人简历，还是毕业生就业推荐表等材料，在准备时都应该注意以下几个方面：

1. 真实为首，取舍得当 求职材料是毕业生大学生活的全面反映和总结，在内容上必须真实，这既是大学生诚信素质的表现，也是获得求职成功的首要条件。毕业生在制作各类求职材料时，应避免以下几种现象：第一，刻意漏填。对于求职材料中必须填写的部分，如性别民族、籍贯等，有的毕业生以为某些情况会成为求职劣势，容易遭受歧视而故意漏写或欺瞒，这样做的结果只能导致求职失败。曾有这样一个求职案例：某校毕业生小张来自农村，平时生活俭朴，作风踏实，但用人单位看到小张求职材料中的父母一栏并未填写，小张未填写的原因是害怕因父母是农民而受到单位歧视。本来小张来自农村的特点，在某些职业岗位竞争中是有优势的，结果他却理解为劣势，导致材料不真实而与该单位失之交臂。第二，虚构经历。有的同学为了得到用人单位的青睐，使自己在众多求职者中脱颖而出，虚构了很多自己在大学期间的社会实践和获奖情况，如当过班干部，却填写自己是学生会主席，将实习夸大为自己有丰富的工作经历和经验，有的干脆将其他优秀学生的简历换成自己的名字，这样做往往适得其反，真实介绍自己在求职中不一定一次成功，但造假的结果却肯定失败，即使暂时就业，最终也必将因为不诚信被辞退或失去继续发展的机会，所以虚构经历实在是得不偿失。但是，在求职材料中有的内容最好不要涉及，如种族、宗教方面的内容，尽管法律禁止因上述原因歧视职员，但只要将这些情况写进简历，用人单位肯定将它当作依据，除非用人单位对某种情况有特殊的偏爱或需求。另外，与求职无关的失败经历或羞于谈及的往事，只会对求职成功起负作用；再如薪金待遇要求等，面试之前就提出工资要求是很不明智的，工资的高低，既受职位本身性质和所做出贡献的影响，也受劳动力市场供求关系的影响，贸然提出工资条件，会立即招致求职的失败。

2. 全面展示，突出重点 所谓突出重点，是针对用人单位的岗位、职位要求，在全面展示自我的基础上，突出强调自己能力与职位相符合的部分。例如，用人单位是一家外资企业，可以着重强调外语水平或者直接准备中英文对照材料；用人单位是政府机关，可以强调自己曾经在类似单位的实习经历及业绩，这样能够让用人单位在短短的时间里了解到他们所需要的内容，而且会让他们认为求职者是一个很用心的人，为进入第二轮竞争提供有利的条件。需要特别提醒的是，自我特点的叙述要避免大而空的语言，如使用思想道德品质好，组织管理能力强，人际沟通好等自我评价，其效果并不好，应该用实例说话，用事实证明自己的能力和优缺点。

3. 言简意赅，设计美观 有的同学认为求职材料做得越复杂越好、越厚越好，其实不然。因为一场招聘会下来，用人单位往往会收到几十份甚至几百份材料，他们没有足够的时间认真翻阅。有人统计，用人单位花在每份求职材料上的平均时间也就是一分钟左右。如何让用人单位在这短短的一分钟里决定给求职者进一步接触的机会呢？一定要使自己的求职材料言简意赅，用最精练的语言表达所需要的内容才是最好的选择。在注意内容的同时，还必须特别注意形式，即求职材料的设计应该美观、大方、得体，这是吸引用人单位眼球的必备条件。一般来讲，求职择业材料，无论是文字的，还是表格的，都应采用A4复印纸打印或复印，复印件不要放大或缩小。所有材料都要进行必要的版面设计，如果设计毫无特点与新意，就很容易湮没在众多材料中，难以脱颖而出。医学及其相关类专业的毕业生，求职材料的版面要讲究自然、朴实、理性、洁净的风格；而如果是文学、艺术、信息、软件设计等专业的毕业生，求职材料要富有创意。

4. 认真细致、杜绝错误 制作个人求职材料一个非常重要的原则就是要认真细致，杜绝一切错误，无论是语法上的、文字上的、用词上的还是打印上的，甚至是一个小小的标点符号。因为用人单位会认为，错误是小事情，但由此而折射出来的该求职者的水平、做事的责任心及对应聘此岗位的重视程度就需要打上一个大大的问号。你可能真的很出色，求职材料做得也很漂亮，但是就因为这不经意的一个小错误或失误，使得用人单位对求职者的印象大打折扣，这是非常不划算的。

三、求职信书写和注意事项

(一) 求职信的制作技巧

1. 求职信的书写格式 一般来说，求职信属于书信一类，因而它的格式也应符合书信的基本要求，主要包括称呼、正文、结尾、署名、日期和附录等方面的内容。

(1) 称呼：求职信的称呼与一般书信不同，书写时必须正规一些，如果写给国家机关或事业单位的人事部门负责人，可用“尊敬的××处长”，如果写给企业领导，可用“尊敬的××董事长(厂长、经理)先生”；如果写给院校人事处或校长的求职信，可称呼“尊敬的××教授(老师、校长、博士、硕士)”。切忌使用“××老前辈”、“师兄(傅)”等不正规的称呼。

(2) 正文

① 写出信息来源渠道，如：“得悉贵公司(单位)正在拓展省外业务，招聘新人，且昨天又在《××商报》上读到贵公司招聘广告，考虑有意角逐营业代表一职。”记住不要在信中出现“冒昧”、“打搅”之类的客气话，他们的任务就是招聘人才，何来“打搅”之有？

如果你希望的企业(单位或医院)并没有公开招聘人才，或者你并不知道他们是否需要招聘新人时，你可写一封自荐信去投石问路，如“久闻贵公司(单位)实力不凡，声誉卓著，产品畅销全国。据悉公司(单位)欲开拓海外市场，故冒昧写信自荐，希望加盟贵公司(单位)。我的基本情况如下……”这种情况下用“冒昧”二字就显得很有礼貌。

② 在正文中简明扼要地介绍自己与应聘职位有关的学历水平、经历、成绩等，令对方从阅读完毕之始就对你产生兴趣。但这些内容不能代替简历，较详细的个人简历应作为求职信的附录。

③ 应说明胜任职位的各种能力，这是求职信的核心部分。目的是表明有专业知识和社会实践经验，具有与工作要求相关的特长、兴趣、性格和能力。总之，要让对方感到你能胜任这个工作。在介绍自己的特长和个性时，一定要突出与所申请的职位有联系的内容，千万不能写上那些与职位毫不沾边的东西。比如你应聘业务代表一职，却在求职信中大谈“本人好静，爱读小说”等与业务无关的性格特征，结果肯定是失败。

④ 结尾一般应该表达两个意思，一是希望对方给予答复，并盼望能够得到参加面试的机会；二是表示敬意、祝福之类的词句。如“顺祝愉快安康”、“深表谢意”、“祝贵公司(单位)财源广进”等，也可以用“此致敬礼”之类的通用词。

最重要的是，别忘了在结尾认真写明自己的详细通信地址、邮政编码和联系电话，如果让你的亲朋好友转告，则要注意联系方式方法、联系人的姓名以及与你的关系，以方便用人单位联系。

（3）署名：按照中国人的习惯，直接签上自己的名字即可。国外一般都在名字前面加上"你诚挚的、你忠实的、你依赖的"等之类的形容词，这种方法不能轻易效仿。

（4）日期：写在署名右下方，应用阿拉伯数字书写，年、月、日全都写上。

（5）附录：求职信一般要求和有效证件一同寄出，如学历证书、资格证书、获奖证书、身份证复印件等，并在正文左下方一一注明。

2. 求职信撰写的注意事项 一些跨国公司或港澳台公司，通常会要求应聘者递交英文求职信和个人简历。不过，即使没有明确规定，为了引起对方的注意和重视，最好用英文（或其他外文）信件提出对某些职位的申请，往往会比单纯写中文求职信的效果更好。所有的英文求职信应该用打印机打印，收信人一般比较忙碌，看不清的信件他会随手扔一边。

求职信的第一句话应开门见山，让对方尽快了解其内容，在一开头就抓住读信人的注意力，使其自然而然地往下看。要知道，招聘人每天会收到若干封求职信，若你的信落入俗套，毫无特色可言，阅信人只有几秒钟或几十秒钟的时间就会将你的信"扫描"一下，然后扔进纸篓里。相反，如果你的信写得与众不同，一开始就引起了读信人的注意，并表述得体，阅信人会耐着性子甚至很有兴趣地将信看完，这样，你的名字就很有可能列入候选人名单。

求职信的写作应该文字优美，表达流畅，简洁明了，字数应控制在千字以内。一封用词优美、表达流畅的信，既能体现出求职者的文字操作能力和语言表达能力，又能给招聘人以美的享受。

段落要短，句子不宜很长，长的段落更易令人生厌。这点与简历的要求一致。段落可以加小标题，或是编上序号，使求职信条理分明，层次清晰。

求职信的语气宜不卑不亢，不能过分卑微，也要力求避免无意中伤害他人的尊严。

尽量避免用专业术语或俚语、谚语或典故、地方方言，否则在信息传递上可能会出现周折，甚至引起误会。

求职信不应有错别字，不要使用涂改液或橡皮擦，纸张不要沾上污迹，以示对阅信人的尊重。

最后别忘了签上你的名字。英文信件中本人的亲笔签名，应在打印机打印的姓名拼音的上面。

求职信不可复印。若复印，用人单位会认为你在"广种薄收"，缺乏对其单位的诚意而不会考虑录用你。

（二）求职信书写失败常见的七大原因

不少应届高校毕业生写求职信时，容易犯一些技术性和原则性错误。下面是一些经常出现的毛病，希望引起警觉，别让求职信帮倒忙。

1. 过分自信 过分自信即是自高自大，不少毕业生的求职信流露出盛气凌人、非我莫属的"神气"，认为只要学习成绩好、出身名牌大学，便是十拿九稳。信中出现这种错误很容易令用人单位想起一句顺口溜"看看档案，人才难得；聘来用用，哭笑不得"。这句顺口溜早已在"三资"企业流传，千万别以为老外会青睐不知谦虚为何物的人。自信是应该的，但过分就会被认为不知山外有山，人外有人，将引起招聘者的反感。故求职信中别出现："我的能力之强出乎你的意料"、"如被录用定能大大扩展公司（单位或医院）业务"或"我的卓越表现将证明本人所言不虚"等过头话。

2. 过分谦虚 谦虚是一种美德，但在写求职信时却没有必要一再表现这种美德。一两句自谦的话当然无伤大雅，但应遵循实事求是的原则，如果不能够公正准确地评估自己的实力，不但与现代潮流不合，而且别人会认为你世故虚伪。求职者在求职信中应该强调自己的长处，如果不可避免要在信中说明你的缺点，也没有必要那么直接，可用俏皮幽默的话写出来。优点和才能尽可能把它写出来，只要没被夸大就行。

3. 称颂不当 这种例子比比皆是，如“我极其欣赏贵公司（单位或医院）铺天盖地的广告轰炸策略”、“若贵公司（单位或医院）愿意接收，本人当效犬马之劳，与您们共荣辱同进退”、“这个职位对我具有难以抵抗的诱惑力”或“如您在百忙中赐予面试良机，本人不胜感谢之至”。写求职信者必须了解阅读者的职责，没有实质内容的话一句也不要写，阿谀奉承最易使招聘者将你与小人画等号，尽管你实际上并不是小人。

4. 简写词语 平时与朋友、同学交谈时，人们习惯简称自己的学校与专业，但写求职信应力求避免。例如“昆医”、“曲医”、“华工”等。简称只有在特定的地区、特定的范围内才能被正确理解，超出这些范围就可能不知所云，很容易被误解。“华工”之称，广州市民大都知道是指华南理工大学，但在广东以外的地方，就很少有人明白它的意思。“华工”二字，更容易使外资企业的人事主管感到莫名其妙，当年的华人劳工就简称“华工”。偶尔使用时也应该在简称中突出自己毕业学校的名称特点，如“昆明医大”、“曲靖医专”、“华南理工”等。

5. 主观强调 许多毕业生为了取悦招聘人员，再三强调自己的学业成绩，保证自己将努力工作；有的人还数次重复说明自己对所求职位的浓厚兴趣，求职信中频繁出现“我觉得”、“我看”、“我想”等的强调观点，重复使用“我非常希望”、“我真的喜欢”这类话强调语气。这种做法实际上都犯了推断上错误，误认为热情高就意味着成功率高。用人单位普遍喜欢待人处事比较实在、比较客观的求职者，不断强调个人主观愿望的求职信反而令自己处于被动。

6. 限定答复时间 如“本人于×月×日外出，敬请贵公司务必于×月×日前给予答复为盼”或者“现有多家公司与本人联络，故请贵公司从速答复”。即使你真的才高八斗，这样语句的求职信一定失败。前面那句表面挺客气，可实际上是限定对方在何月何日前给予答复，似乎给招聘人员下达命令，容易使人生厌；后一句则更生硬，如同“威胁”对方一般，潜台词好像在说：别的公司都对我青睐有加，你不聘我就是你们的损失，用别的单位压对方，往往会激怒用人单位的招聘人员，导致机会全失。求职者与用人单位实际上处于不对等关系，任何有损对方权威的字句，都极有可能使你的努力前功尽弃。

7. 以上压下 用以上压下的口气写的求职信，也注定要失败。例如“贵公司的××董事长让我直接写信给您”或者“贵公司××部×主任很关心我的工作问题，特让我写信给您，请多多关照”。诸如此类，让招聘人员读后相当反感，他们会认为这“架空”了自己，有“走后门”硬塞进来的嫌疑，“既然你后台那么硬，何必多此一举？干脆让你来做人事主管好了！”然后把你的求职信一扔了事。其实，你完全可以换个方式来写，如“我从××董事长处得知贵公司要招聘技术人员”或“贵公司××部×主任说你们有意聘请……”，这样一来，既说明了获取信息的渠道，又不致使对方产生反感。有关系也不滥用，要靠自己的真本事。

样例参考

自 荐 信

尊敬的院领导：

您好！向您辛勤的工作致以深深的敬意，我在省人才市场得知贵院招聘信息，感谢您在百忙之中垂阅我的自荐书，当您亲手开启我这份自荐书时，将是对我过去五年的检阅；当您合上这份自荐信时，也许将是决定我人生新的征程。

我是××医学院麻醉专业的本科毕业生，能成为一名救死扶伤、以身济世的医生是我在汶川地震时做下的决定，在贵医院招贤之际，鉴于扎实医学基础知识、熟练的操作技术、出色的社会工作能力及较强的自学提高能力，我有信心能够很快胜任临床相关工作，因此我特向贵医院毛遂自荐。

医学科学技术日新月异，只有不断升级自己的知识才能在激烈的竞争中立于不败之地。在校期间我通过对课程的学习，熟练掌握 Windows2000、windowsXP 操作系统，并学习图文处理、表格设计、网页制作等工作，为日后的工作、学习、提高工作效率创造了良好条件。在实习中，我把理论知识用于实践，通过实践也更加深刻理解理论知识。通过在临床各科轮转实习，不仅熟悉了各科疾病的诊断治疗，更学会和掌握了与患者的沟通技巧和临床诊疗思维，产生了强烈的责任感、浓厚的学习兴趣。平日向老师虚心请教，吸收更多的临床经验和临床技能，也见识到了临床诊疗并不是一味按书照搬，而是要灵活应对各种情况。麻醉，是一门很严谨的学科，也是一门救命的学科，在保命的情况下才能治病，我们的任务就是保命，减少病人痛苦。我相信自己能够成为一名合格的麻醉科医生，尽职尽责地完成麻醉医生应尽的责任(附上个人简历，请参考)。

通过五年的学习和实践，我从心理和能力等方面做好了走上工作岗位的充分准备，我诚挚地希望能成为贵院医疗队伍中的一员，我将以高尚的医德、热情的服务，倾我所能，不断学习我所不能，为贵院医疗事业的发展贡献一份力量，实现救死扶伤，恪尽职守，一生济世的夙愿，实现社会价值与个人价值的统一。最后，祝贵院宏图事业蒸蒸日上！

再次感谢您的阅读！期盼能有幸与您面谈!!

自荐人：×××

2012 年 6 月 10 日

点评：这是一封比较成功的求职信。第一，它是针对特定的工作职业来写的，求职者叙述的情况与岗位要求相符合；第二，符合求职信撰写格式的要求；第三，文字活泼，字数适宜，自我推销适度，使人读起来不觉得乏味；第四，没有出现语法、文字、用词等错误。

四、求职信的使用

典型案例

注重求职细节

2000 年 6 月 27 日，小丁毕业后到昆明，仔细斟酌了一份求职信并慎重地签署了日期，第二天早晨，小丁起得很早，买了份当天的《生活新报》，仔细阅读上面的“招聘启事”。经过认真分析，他选中了一家制药厂，作为“出师”的第一站。

当小丁按照报纸上的地址找到这家工厂的办事处时，一位 50 多岁的蔡先生热情地接待了他。蔡先生问他为什么来昆明找工作，对企业管理有何认识和经验等问题，他都一一作答。蔡先生边听边微微点头，接下来便问他要求月薪是多少。他回答：“700 元。”蔡先生一听，马上问他什么时候能够上班，小丁告诉他现在就可以。形势发展到这地步，小丁猜想，大功应该已经告成。

谁知道，此时蔡先生又重新审视小丁的那份“求职信”，突然，他问小丁：“有个问题我不明白，我们的招聘信息今天早上才见报的，而你简历的落款时间是昨天，难道你有先知吗？”本来这个问题是无关紧要的，完全可以实话实说，可是小丁却随口谎称是笔误，蔡先生对他的解释很不满意，他起身做出一副送客的姿态，“那好吧，请你先回，如果录用，我们将有书面通知。”小丁知道，眼看到手的工作落空了。

点评：求职信的内容使求职成功，而细节又造成功亏一篑。不管是做人还是做事，仔细认真，实事求是，诚实无价，细节决定成败。

（一）求职信的投递

求职信写完后，对于自己心仪的工作职位，要敢于和善于投递求职信。首先别让用人单位在招聘广告中列出的“资格”给吓着了，许多公司会列出一大堆资格限制，最大的用意不过是想限制应聘的人数，以减少筛选占用的时间。如果列出的条件是“有经验者优先”或“至少一年以上经验”，而你刚从高校毕业不久，虽然实干经验有限，你还是应该试试。同样，招聘广告中列出的待遇比你的最低要求还低，而你又觉得这个职位不错，那也可以一试，写求职信只是给主管部门，待竞聘成功，工作以后再争取所要求的待遇。求职信只是敲门砖，到底工作适不适合，面试之后才能决定。

用人单位在收到大批大同小异的求职信以后，他们会尽可能地按照广告中的条件决定取舍。不过，通常情况下并不容易做到这一点。所以，当你的求职信能抓住重点，并且与所要求的条件比较接近时，一般都能得到面试的机会。

（二）求职信投递后的信息沟通

毕业生的求职信投递后，会遇到两种情况：通过报纸等信息渠道获得的招聘信息，一般当面向用人单位递交求职信，直接进入面试，当场决定求职的成败；另一种是参加人才招聘会递交求职信或在网上投递电子求职信等，会有一个等待期，之后才能得到参加面试的通知。在等待期内，毕业生不能毫不作为地坐等结果，而应主动联系用人单位，以加深用人单位对自己的印象。在某种意义上，联系过程的效果会有起死回生的功能。

如何与用人单位联系，虽然登门拜访是最好展示自己的途径，但一般难以得到用人单位的同意，因此，电话联系是最好的信息传递和情感沟通的方式。求职者在使用电话联系时，应注意以下问题。

1. 选择恰当的通话时间 如果是给单位打电话，应当尽量避免在刚上班或快下班这两个时间，这个时间打电话，不仅因为时间仓促而无法认真表达，而且很可能会因为对方即将开始工作和结束工作，而给对方造成心理上的不良印象。

如果是给个人打电话，则应当根据受话人的工作时间、生活习惯选好打电话的时间，当然最好是在约定的时间里和对方联系。如果没有事前的约定，不要在受话人的休息时间打电话。

2. 提前准备通话要点 在电话中应该说些什么，除非你是一个头脑特别清晰的人，否则千万不要打“无准备之战”，而且在一般情况下，打“腹稿”也是远远不够的，最好还是在事前拟出谈话的要点，理清说话的层次，并准备好与通话内容相关的材料，否则，出现词不达意或无话可说的冷场局面，是令人尴尬的。

3. 讲究通话的方式 现在，大多数的人都有这样一个好的习惯，就是在电话拨通后，先向对方问一声“您好”，这是很值得肯定的，礼貌在哪儿都不会有错误。在谈话的过程中，不仅要高频率地使用“您好”、“请”、“谢谢”等礼貌用语，而且还要控制语气语调，不要使这些用语显得生硬——电话绝不仅仅是你声音的传递，而且还是你另外一个形象的展示。

4. 注意倾听的方式 打电话时不仅要认真倾听对方讲话，还要礼貌地回应对方，适度的附和与重复对方谈话中的要点，或者将这些要点用另一种简洁的方式表达出来，这不仅会使对方感到你在认真听他讲话，而且也比只是简单地说“是”或“好”要让人愉快得多。

切记，千万不要轻易打断对方的谈话，通话完毕应当“谢谢”对方给予自己的帮助，要礼貌地说“再见”，最好对方挂断后再放下电话，而不可以很突然地挂断电话。

5. 注意你的通话时间 每次通话时间可以根据对方的情况来决定，最好事先征得对方的同意，但是不管怎样，打电话的时间还是宜短不宜长。如果意识到对方的不愉快时，应当主动提出自己是否打扰了对方，并尽快结束谈话。

最后，还有一条是值得注意的，在主动与单位联系时，除非不得已，不要使用移动电话，移动电话确实给人们带来了方便，但是即便是偶尔存在的信号不好或突然掉线也会给人带来不好的印象，甚至可能造成信息的误传。

五、简历的书写与制作

个人简历，是求职者向用人单位推销自己的广告和宣言，它既要求在有限的空间里把自我形象同其他竞争者区分开来，又要切实把自己的价值令人信服地表现出来。在得到面试机会之前，简历代表了求职者的一切形象，在制作了一份出色的简历后，求职者就意味着成功了一半。

（一）简历的基本内容和形式

1. 简历的基本内容 一份完整的简历应该包括以下内容。

（1）个人资料：姓名、性别、出生日期、民族、出生地、政治面貌、身体状况（如健康状况、身高、体重、视力等）、家庭所在地、培养方式（如统招、定向等）、兴趣爱好及特长、联系方式等，这一部分内容一般写在简历最前边，俗称抬头。

（2）求职意向：就是一句话，我希望从事××××工作。

（3）教育背景：这部分最好以时间的倒叙来写，首先列出你的最高学历，然后再回溯。要写明就读学校、专业、任职情况。

（4）主要社会工作：对于高校毕业生来说，要重点写明自己的学术成就和课外活动，如曾经参加过的社团工作、担任的职务及主要经历，参加社会实践及实习的时间、地点和效果，参加勤工助学的经历及效果等。

（5）所获荣誉：如三好学生、优秀团员、优秀学生干部、各种奖学金等。

（6）相关能力与特长：写明外语、计算机、文体等方面的等级与水平。

2. 简历制作采用的形式

（1）诚信简历：侧重于表现自我在诚信方面的特质，适用于外企及实力雄厚的国企大公司等。

（2）数字简历：把个人在校获奖多、社交能力强、社会实践多等特点，用数字化形式表现出来，如多少数量、多少次、占多少百分比等（避开专业上的劣势），适用于私人企业。

（3）中外文简历：中文为主，外文补充，适应于外企、外贸企业等。

（4）情侣简历：在简历设计上，把两份简历装入一个大袋里，封面有两人的合影和个性签名，封底是两人在学校的获奖情况，还需要设计共闯未来的誓言等。适应于学校、科研等要求相对稳定的职业岗位。

(5) 好汉帮简历：是指同时推出 2～3 人的合作简历，重点突出集体力量的优势（专业分工，优势互补），如几位同学在校期间的合作技术发明项目等，使企业认识到捆绑的力量大于拆开的单一组合，能收到意想不到的择业效果，适应于科研岗位、新建企业等。

(6) 独出心裁简历：如“零工资就业”简历。曾有这样的一个求职案例：有位女生既没有社会实践经验，也没有优秀的专业成绩，既不是学生干部、党员，也没有得过任何奖项，只是胆量很大。她就设计了自己独特的简历封面，一个可怜楚楚的小姑娘托着腮帮子，睁着一双大大的眼睛在望着远方，旁边有一句旁白：鉴于本人硬件、软件都不够突出，本人愿意和应聘单位签订“零工资就业”。这种举措在招聘会上立刻吸引了众多厂家的注意力，很快在一家私企中找到了岗位。

如果把上述简历形式结合起来使用，突出重点，效果更佳。

（二）制作书面简历的基本原则

1. 文字要精练，要惜墨如金　要避免过长的段落出现，多用动词，省略第一人称“我”，从而避免主观性的语气，以 A4 纸一页为宜，最多不要超过两页。

2. 表达要适度，要强调成绩　不要简单地列举所担任过的职务，要强调做了些什么，如果能将自己的成绩量化，则会让用人单位对你有非常客观的看法。

3. 设计要精美，制作要精致　最好用 70 g 的 A4 复印纸，如果有条件的话可以选择彩色的复印纸，如乳白色、黄色。页面的四周必须留出相应的空白，使页面显得干净整洁。正文的字体要选择比较轻巧的字体，如仿宋体，全文的字体要统一协调，最好不要超过 3 种字体，但可使用下划线、斜体、反白等。字号最好采用 10 号字（即小五），也可根据整页的设计采用 11 号（五号）和 12 号（小四）字。可通过字体大小、字间距、行间距、段落距调整本文的内容，使之基本排满一页。通常习惯上要将求职者的照片（小二寸证件照，有时也用四寸生活照）粘在左上角或其他适当位置。

（三）简历制作应注意的问题

1. 针对求职岗位设计，填写时不能留空白　无论求职者的专业和择业职位是什么，有一些词汇是一定要出现在简历上的，那就是姓名、性别、出生年月和籍贯、婚姻状况、教育背景（包括学历程度和所学专业）、语言能力和电脑掌握程度、申请职位和事业发展方向等，好比登台亮相，一出场，就给人留下完整的印象，同时，也表明求职者的工作态度认真、严谨，懂得商业礼仪。

2. 用事实表现自我能力，切忌假、大、空　求职者的工作、学习经历，包括所有曾实习单位的名称（最好有简要的业务背景介绍）、本人所处的位置和职责、个人工作成就、个人培训经验、成功经验等，是个人价值的直接体现。数字是最能说明问题的，所以只要有可能，尽量用数字表明你的成就。如果你曾任销售人员，那么最有力的证明就是你所取得的销售成绩，如“1 年内完成销售额达 300 万元人民币”、“提前 3 个月完成当年销售任务”等，让用人单位的主管立即就能对你的能力有清晰的认识。说到管理能力和领导能力，可以写出你管辖下的队伍人数及组成，还有他们中获升迁的人数。如果你负责的是客户或产品服务，客户或产品的数量及名称，与客户关系的时间也是评定能力的一个标准。你曾获得的奖励能使你引人注目，即便不是对你的业务成绩的直接奖励，却往往能让人感觉到你的潜质和个人素质。总之，动动脑筋，结合自己的实际情况，找出最能表明你能力的地方。当然，这些例证必须是真实的。还有一点需要注意，那就是前任老板（或老师）为你写的评语，如果你对这个评语满意的话，别忘了将它附在简历之后。

3. 简历与求职信要相互补充　如果两页的简历还不能完整地把你的能力和潜质展现出来，那么你的简历有点太长了，谁都没有时间拜读你的长篇大论，你只需精心地选择一个合适的角度，或抒发志趣，或自我评价，或对工作中的某个问题谈谈自己的见解，目的是为了突出自己的优点，给人留下更深刻的印象，同时告诉别人，你是一个清楚自身价值，明确追求目标，知道自己的路该怎么走的人。其他方面的自我展示，可用求职信补充，二者相互印证，力求用人单位对你有一个全面、客观的认识。

4. 简历完成后的检查 在做完简历后，还有几件看似小却不容忽视的事。要调整格式，使之看上去清晰、美观，就像给它穿上漂亮衣服；要检查用词和拼写。如果两页纸的内容就出现5个错的话，那简直太糟了。最后，有条件的可以是把你的个人文书拿给信得过的人看，请他们帮你参考直到认可为止。

样例参考

中文个人简历

<table>
<tr><td>姓名</td><td>××</td><td>性别</td><td>男</td><td>民族</td><td>汉族</td><td rowspan="3">贴照片</td></tr>
<tr><td>出生年月</td><td>1994 年 2 月</td><td>政治面貌</td><td>中共党员</td><td>健康状况</td><td>良好</td></tr>
<tr><td>学历</td><td>专科</td><td>身高</td><td>170 cm</td><td>体重</td><td>62kg</td></tr>
<tr><td>专业</td><td colspan="2">临床医学</td><td>学制</td><td colspan="3">全日制三年</td></tr>
<tr><td>普通话</td><td>精通</td><td>计算机等级</td><td>省二级</td><td>联系电话</td><td colspan="2">×××××××××</td></tr>
<tr><td>籍贯</td><td>云南 大理</td><td>特长</td><td colspan="4">计算机技术、写作、象棋、围棋、舞蹈</td></tr>
<tr><td>求职意向</td><td colspan="6">结合专业知识，发挥专业水平，愿从事医学临床及职业教育类工作</td></tr>
<tr><td colspan="7">教育实践经历</td></tr>
<tr><td colspan="2">2006 年 9 月至 2008 年 7 月</td><td colspan="5">××学高等专科学校本部校区两年系统的医学基础理论学习</td></tr>
<tr><td colspan="2">2008 年 7 月至 2009 年 6 月</td><td colspan="5">××市第一人民医院实习</td></tr>
<tr><td colspan="7">主要社会与学校实践经历</td></tr>
<tr><td colspan="2">2007 年 9 月至 2008 年 7 月</td><td colspan="5">担任班级学习委员，深得老师、同学好评</td></tr>
<tr><td colspan="2">2006 年至 2007 年假期</td><td colspan="5">担任××书店业务员</td></tr>
<tr><td colspan="2">2008 年寒假</td><td colspan="5">跟随本县老中医学习中医</td></tr>
<tr><td colspan="7">个人技能</td></tr>
<tr><td colspan="2">语言水平</td><td colspan="5">大学英语四级</td></tr>
<tr><td colspan="2">计算机水平</td><td colspan="5">2007 年获得计算机文管二级证书，成绩优秀。能够熟练进行计算机基本操作（Windows、Word、Excel、Powerpoint、Internet、Photoshop、FTP 等），能够熟练应用计算机完成医疗文件书写、表格制作等</td></tr>
<tr><td colspan="2">按摩师等级</td><td colspan="5">2008 年中级按摩师证书，成绩优秀</td></tr>
<tr><td colspan="7">获奖情况</td></tr>
<tr><td colspan="2">2006—2007 学年</td><td colspan="5">获得校级“优秀团员”“三好学生”荣誉称号</td></tr>
<tr><td colspan="2">2007—2008 学年</td><td colspan="5">获得社会实践“先进个人”称号，校级“文明标兵”荣誉称号</td></tr>
</table>

(四) 英文简历的制作

1. 英文简历的种类

(1) 中式:中英文简历一起递交,建议中文不写政治面貌,因为如果去外企工作,背景中的政治色彩越少越好。

(2) 港式:香港出版的简历技巧书籍中都要求写年龄、婚否,报纸的招聘广告中还要求求职者写上工资现状及预期工资,这些都属于隐私问题,美式简历则不要求提供这些信息。

(3) 英式:很接近港式,但个人资料没有港式说得那么多,篇幅较长但不详细。

(4) 美式:接近中式,国际大公司中比较流行,一页纸,是值得我们重点参考的样式。

2. 英文简历的格式结构 包括页眉部分、教育背景、工作(实习)经历和个人资料四部分。

(1) 页眉部分:① 姓名,② 地址。

(2) 教育背景:① 写时间要倒序,最近的学历情况要放在最前面;学校名要大写并加粗,这样便于招聘者迅速识别学历。② 地名,全部大写并加粗,地名后一定写中国。③ 学历,如果正在学习,用 Candidate for 开头比较严谨;如果已经毕业,可以把学历名称放在最前,具体见样本。④ 社团工作,担任班干部,只写职务就可以了,参加过社团协会,写明职务和社团名。

(3) 工作(实习)经历:写工作经历时要用倒序。写时间应注意:① 目前的工作要最先写,右侧写时间,如写成 1997—present。② 以前的工作,只写年份,如 1993—1995。这样的写法主要适于以下三种情况:一是工作时间较早;二是工作时间在两年以上;三是旨在巧妙地拉长工作时间。加上月份,如 May,1998 或 May1998。这样的写法自然会显得精确一些,也投合雇主的口味。

(4) 个人资料:① 名称:有 4 种写法:Personal,Personal Information,Other Information,Additional Information. ② 语言:有几个层次。Native speaker of 指母语;从严谨的角度讲,Fluent in 显得更流利;English as working language 显得不流利,但可靠性更强;Some knowledge of 会一些,没有把握的千万别写。③ 电脑:中国人最爱用"熟悉"(familiar),无论中文还是英文简历。"熟悉"是一个很弱的字眼,说明你不熟练,不常用。如果几个软件,有的熟练,有的熟悉,建议只写软件名,完全没把握的,一点儿不熟悉的,千万不要写。④ 资格证书:最需要注意的是,有些是互不承认的,所以一定要写上国别,写明考取年份。

样例参考

英文个人简历

Personal Information Luo Yihui Grade 97
Institute Business Administration
Zhengzhou University of Technology 97
Wenhua Road
Zhengzhou,Henan
Phone:(0371)3885311

Related Skills Passed National Computer Rank Examination
Of Grade 2,FoxBase+,and the National
English Test of Band 6,responsible and
Diligent worker.

Education	Bachelor of Science - Degrees,ZUT,major in Industy and Foreign Trade,minor in Scientists' English.
Awards 1995-1998	Zhengzhou University of Technology. Bachelor Scholarship.
1997	"Excellent Colleague Member" of ZUT.
1998	Individual First Prize in 15th English Competition in ZUT.
Languages	Chinese,English,a little Japanese.
Other Interests	Member of military band of ZUT,reading. Swimming,dancing .
References	Available upon request.

(五) 电子简历的制作

电子简历,是一个可为计算机识别的文本文件。它能够全天 24 h 循环不停地帮助求职者在网络上寻找工作。概括起来,电子简历一共有 3 种类型。

1. 可扫描的书面简历 它可以通过扫描仪器准确无误地生成一个计算机文件。用人单位不再需要传真的复印件,而是将它放到计算机预处理的文件队列中去,再由一位员工对这些简历进行确认并提炼出关键的信息资料(key words:关键字)并存储在计算机数据库中。

2. 电子邮件简历 它虽是一个普通的计算机文件,但其内容可以通过网络传送到世界各地而无须打印在纸上。当利用编辑软件将文字录入计算机,求职者就在制作一个"文件"或"文档"。求职者应该将文本存储为基本的 ASCⅡ码(或 DOS)的 TEXT 文件。一个 ASCⅡ码的 TEXT 文件不含图片、特殊字符、图像页码或者粗体、斜体等信息。它只是一般的文件。当使用电子邮件发送简历时,应该将文件直接拷贝到邮件管理器的消息(Message)框中,而决不要将文件以附件的形式附在电子邮件后,这就会使被发送简历的对象很快看到正文而不必再下载附加的文本和打开相应的编辑器来阅读了。

3. 主页简历 它采用多媒体格式,可以放在互联网上,也可以存储在磁盘里供用人单位在方便的时间随时查看。如果求职者具备程序设计人员、网页制作者、图形设计者、艺术家或者演员的特殊素质,一些图片、图形、动画或者声音可能对求职成功有很大的帮助,这时可以考虑制作一份多媒体简历。

第三节 求职面试

面试是用人单位在规定的时间和空间内通过当面交流来考核应试者的一种招聘测试。通过面试,用人单位不仅可以直接了解应试者的面貌、举止,而且可以了解应试者的总体素质和各方面的才能。面试时的表现往往影响到应试者和用人单位是否"情投意合",并直接影响到双方能否成功地建立聘用关系。企业需要的不是最"优秀"的人,而是最合适的人。所以在这个特定的时间里,应试者如果能成功扮演这个最适合职位的角色,那么就能获得自己所期望的工作。因此,要想打好面试这一仗,必须做好充分的准备,学习和掌握好面试技巧。

一、面试前准备

(一) 面试的含义

面试是指面对面的交谈,对应试者进行考核、测评的一种考试形式。面试的目的是为用人单位找到最合适的人选,为求职者找到理想的职位。

(二) 面试的种类

1. 根据提问方式可分为 集体式、讨论式、围攻式3种。

2. 根据现场形式的不同分为 模式化面试、问题式面试、非引导式面试、压力式面试、综合式面试5种。

3. 根据阶段不同可分为 初试、复试、录用面试3种。

(三) 面试前准备内容

1. 了解招聘单位的情况 面试前首先应了解单位的有关情况,如规模、性质、特点、经济实力与效益、社会地位和工作条件,切不可在面试一开始就向用人单位提出这样那样的问题,反客为主。这说明你对该单位毫无了解,很容易引起招聘者的反感。若对招聘单位的情况比较熟悉,说明你对这个单位重视,有好感,将来工作会有较高的积极性,同时也说明对面试十分认真。若是对招聘单位一无所知,即使你的条件都不错,也很难引起用人单位的兴趣。若能搞清楚将与你面谈的人是谁,以及他的性格、特长及面试的地点更好,然后根据以上的分析,理清思路,明确该采取什么策略,从而在面试中给对方一个好印象。

2. 确定求职目标,分析可行性 面试前做出正确的定位,选择一个适合自己的行业,而不是适合自己专业的行业。结合自己的性格特征、兴趣取向等,搞清楚自己想做什么?能做什么?永远不要忘记"机会总是留给那些有准备的人"。现在许多用人单位在录用时要与求职者签订合同,规定在几年内不得脱离该单位(不许"跳槽")等,所以,在面试之前你必须明确自己的目标。如果你工作之后还想考研究生,那么签订10年合同就延误了你的报考时机。因此,你的目标应根据你的具体情况定3年或5年等,必须明确,不可含糊。另外你到该单位后希望从事哪方面的工作,是技术人员?还是行政、后勤人员?或者是营销业务人员?在面试之前也要做到心中有数。此外,在面试之前,你应该分析应聘的目标岗位是否可行,如果可行性不高,虽然很难达成愿望,仍要尽力准备,但不必抱太大希望,只当是一次实战演习。

3. 面试前心理与知识准备 凡事预则立,不预则废。面试虽不似笔试那样要逐门学科去准备,但有不少内容考前是可以预见到的。你要做的就是消除紧张情绪,为面试打下心理基础,做好各项材料准备,为面试打下知识基础。

面试前一两天,最好到招考单位看看面试地点、时间安排以及考场注意事项,以免到时找不到考场,造成人为紧张。按招考单位提出的要求,携带必备的证件材料。考前注意休息和睡眠,以便有充沛的精力应试。除了一些事务性的准备工作之外,面试要着重准备好以下几方面的问题。

(1) 锻炼与陌生人从容交谈的能力:假如见了陌生人就张口结舌,面试后果不堪设想。为此,平时要有意识地寻找机会同陌生人交谈,这对面试成功大有好处。

(2) 要牢记报名表、履历表中所填的内容:有不少应试者,不重视招考单位发的各类表格,随便填上,一交了事,对所填的内容印象不深,这是面试的一大忌讳。因为表上的内容,通常被主考官用作面试的资料。如果填得不准或忘记了所填的内容，当主考官提问时，容易导致填写的内容与回答不一致。主考官只要发现口述与表上填写内容稍有不一致，便可能马上挑出来提问，而且边听边对照资料，若对某些细节胡乱编造一番，会让人感觉很随意，对面试不够重视，给主考官留下不良的印象。

（3）要准备简要的自我介绍：对于刚刚跨出学校大门、走向社会的应聘者，面试时，容易受各种因素影响而很难在几秒钟内做出清楚而完整的自我介绍。因而要先做好自我介绍的准备，打好腹稿。自我介绍要准备简要介绍和全面介绍各一份，根据主考人的提问及当时的情况选用其中一种。自我介绍稿准备好了以后，可对着镜子练习，直到自己满意为止。

（4）准备回答应试的动机：应试动机，几乎每次面试都可能被问到，所以很重要，必须认真准备，它是评价应试者的标准之一，又可作为录取分配工作的参考。如果应试者对这个问题含糊其辞，胡乱敷衍或回答错误，那么主考官就会怀疑面试者是否有诚意，或者将来能否胜任工作等，一旦出现这种情况，被录用的机会就大大降低了。

在回答应试动机时，最好委婉一些，太庸俗或太冠冕堂皇都不适宜。应根据招考单位的情况结合本人的特长来回答，回答应该给人一种奋发向上的感觉，表示你愿意到这个单位尽力为单位的发展做贡献，当然也要承认该单位令人羡慕的经济效益亦颇具诱惑力。

（5）要至少能讲出自己三条以上的优点：随着劳动人事制度改革的深入，未来的就业将是一场激烈的竞争。即使笔试的成绩优秀，而面试时不能恰如其分地展示自己，也很可能失败。面试时招考人可能单刀直入地问你："你有哪些优点？"你若回答不出来，或回答得不好，便会被认为缺乏自我分析能力，缺乏自信心，缺乏积极性。为了更好地进行自我宣传，面试前要认真剖析，反复斟酌，整理出3～5条不是虚夸，能充分展现自己才能的优点，反复练习，直到能流利说出为止。描述自己的优点时既要具体又不长篇大论，只有具体，才有说服力。如说"自己诚实"、"自己的活动能力强"要有实例，讲到自己擅长英文打字，就要说出每分钟能打大约多少字，谈到自己外语水平较高，提问时如能对答如流，就能充分体现你的外语能力，若把握不大，就实事求是地说："我在中学、大学都学英语，可以独立阅读和翻译专业外文资料。"若瞎吹，结果人家一问三不知，就适得其反。

（6）要熟悉相关的时事政策：有时主考可能问到时事政策方面的问题，通过提问你是否关心国际、国内大事和一些重大政策问题，以及对这些问题的看法来考察、检测你的综合能力。

时事政策，一是指国际国内政治方面的，二是同各招聘单位有关的重要新闻。这些方面的信息面试前都要注意积累，还有如本专业的最新发展，新的科研成果，新的理论等。你若经常看报、听广播，只需摘记有关要点。若没有看报的习惯，可以在面试前一段时间通过看报，听新闻广播，记一些重要新闻，或上网查阅一些相关信息。若能买到一些同面试有关的专门杂志刊物，那准备就更充分了。总之，在面试前尽可能做到知己知彼，心中有数。

二、面试的礼仪与技巧

典型案例（一）

小李毕业刚拿到护士执业资格证书，准备了一份自己感觉非常满意的简历到一家医院应聘做临床护士。面试当天，小李被简单问过几个问题后就被安排参加院长主刀的手术，并且担任器械护士。手术过程十分艰难，从早晨进行到黄昏。即将为病人进行伤口缝合时，小李提醒说："院长，我们用了12块纱布，可是您只取出了11块。"院长没理睬她，下命令说："准备缝合。"她大声说道："您是医生，您这样做不行！"院长露出笑容，举起左手握着的第12块纱布宣布："她是个最合格的护士！面试通过！"小李因此求职成功。

点评：正直的品格，总是为真正的睿智者和成功者所推崇。这位护士能吃苦，不说谎，不阿谀奉承，不违背自己的原则。正是由于她这种无私、正直的品德，使她保持充沛的精力和清晰的头脑，最终使求职面试获得成功。

典型案例(二)

从细节中赢得人心

一位先生要雇一名勤杂工到他的办公室做事，他最后挑了很不起眼的一个男子。一位朋友问："我想知道，你为什么挑他，他既没有带介绍信，也没有人推荐。""你错了。"这位先生说，"他带了很多介绍信。他进门口时擦去了鞋上的泥，进门时随手关门，进了办公室，他先脱去帽子，这说明他懂礼貌有教养，回答我的问题干脆果断，证明他有能力，有自信。其他所有的人直接坐到椅子上准备回答我的问题，而他却把我故意扔在椅子边的纸团捡起来，放到废纸篓中，他衣着整洁，头发整齐，指甲干净。难道这些小节不是极好的介绍信吗？"

医学生在求职过程中，想要把握住更多的机会，就必须具有更高的综合素质。除必要的理论知识、专业技能外，还必须提高个人修养。心理学家奥里·欧文斯曾说："大多数人录用的是他们喜欢的人，而不是最能干的人。"怎样赢得招聘单位的喜欢呢？"礼节及礼貌是一封通向四面八方的推荐信。"面试时的礼仪问题、服饰打扮、举止言谈、气质风度、文明礼貌，无一不在影响着你的形象，甚至决定着你的前程和命运。那么，面试过程中，需要注意的礼仪有哪些呢？

(一) 得体着装

俗语说"人靠衣装，佛靠金装"，"人靠衣裳马靠鞍，三分长相七分打扮"。服饰作为一种至关重要的物体语言，传递着各种各样的信息，在一定程度上反映人的能力与实力，体现人的地位与尊严。服饰作为塑造个人形象的重要方面，具有表现自我，体现个性，弥补缺陷，增加能力等重要功能。服饰作为一面镜子，能折射出一个人的价值取向、文化修养、审美情趣、心理状态、性格爱好与身份地位。

求职者的仪容仪表就是给考官的一个直观形象，有人说：只有让考官的眼神在你的脸上停留三秒钟，你才可能真正进入面试阶段。也就是说，你的仪容、仪表是吸引考官注意的重要环节。

医学生面试一定要着装合体，不要穿着太前卫，毕竟医学生这个职位还是要讲究严谨、矜持一点的，但是一定要整洁得体端庄大方。

1. 男生可以穿西装　以深色西装为宜，全身颜色最好不要超过3种，可以配一双黑色皮鞋、一双深色袜子和一条领带。西装要平整、清洁、有裤线，口袋里不能放任何东西，特别要注意的是必须拆除西装商标。西装上也可以适当喷些香水，最好是前一天晚上就喷好，以淡雅的香气为佳，保证不要太刺鼻，否则会让考官感到不舒服。面试前还应理发、修指甲、刮胡子、去鼻毛，务必处理好这些细节。也可稍稍用些护发、护肤品；但无论是护发、护肤品，还是香水，务必保持气味一致。

2. 女生可以穿正规套装、套裙 也应遵守3色原则。套裙最好不要高过膝盖三厘米，穿丝袜，配一双系带皮鞋，不宜穿高跟鞋。可以配一个小巧耳环或胸针，切忌有太多的饰物。做到大方、得体。发型文雅、庄重、梳理整齐、长发最好用发夹夹好，不能染鲜艳的颜色。化淡妆，不留长指甲，最好不涂指甲油。

(二) 严格守时

守时是医学生职业道德的一个基本要求，提前10～15分钟到达面试地点效果最佳，可熟悉一下环境，稳定一下心神。提前半小时以上到达，会被视为没有时间观念，但在面试时迟到或是匆匆忙忙赶到却是致命的，不管你有什么理由，也会被视为缺乏自我管理和约束能力，即缺乏职业能力，给考官留下非常不好的印象。面试不迟到是一个对人、对自己尊重的问题。而且大公司或大医院往往每次要安排很多的面试者，迟到了几分钟，就很可能永远与这家公司或医院失之交臂了，因为这是面试的第一道题，如果你的分值被扣掉，后面的你也会因状态不佳而搞砸。

如果城市很大，路上堵车的情形很普遍，对于不熟悉的地方也难免迷路。所以如果路程较远，宁可早到30分钟，甚至一个小时。但早到后不要提前10分钟以上出现在面谈地点，否则聘用者很可能因为手头的事情没处理完而觉得很不方便。外企的老板往往是说几点就是几点，一般绝不提前。当然，如果事先通知了许多人来面试，早到者可提早面试或是在空闲的会议室等候，那就另当别论。对面试地点比较远，地理位置也比较复杂的，不妨先跑一趟，熟悉交通线路、地形、甚至事先搞清洗手间的位置，这样你就知道面试的具体地点，同时也了解路上所需的时间。

招聘人员迟到是允许的，这一点一定要清楚，对招聘人员迟到千万不要太介意，也不要太介意面试人员的礼仪、素养。如果他们有不妥之处，你应尽量表现得大度开朗一些，这样往往能使坏事变好事。否则，如果招聘人员一迟到，你的不满情绪就溢于言表，面露愠色，招聘人员对你的第一印象就大打折扣，甚至导致满盘皆输。因为面试也是一种人际磨合能力的考察，你得体、周到的表现，自然是有百利而无一害的。

(三) 注重形象

到了招聘单位的办公区，最好径直走向面试部门，而不要四处顾盼，甚至被保安盯上；若有前台，则开门见山说明来意，经指导到指定区域落座，若无前台，则找工作人员求助。这时要注意用语文明，开始的"你好"和被指导后的"谢谢"是必要的，这代表你的教养；一些小单位没有等候室，就在面试办公室的门外等候；当办公室门打开时应有礼貌地说声："打扰了。"然后向室内考官表明自己是来面试的，绝不可贸然闯入；假如有工作人员告诉你面试地点及时间，应当表示感谢；不要询问单位情况或向其索要材料，且无权对单位做出品评。

此外还有一些需要注意的细节：

(1) 与旁人唠叨是禁忌，在接待室恰巧遇到朋友或熟人时千万不可旁若无人地大声说话或笑闹。

(2) 走进办公区之前，口香糖和香烟必须收起来，没有哪位考官能忍受你一边面试一边嚼口香糖或吸烟。

(3) 对其他工作人员以礼相待，主动打招呼或行点头礼。

(4) 关掉所有通信设备，以免面试时出现尴尬的场面，同时也分散你的精力，影响你的成绩。

(5) 不要关注其他工作人员的工作和谈话，更不可冒失地发表评论。

(6) 在等候室耐心等候，并保持安静及正确的坐姿。不要来回走动显示浮躁不安。

(7) 不要与别的面试者聊天，因为这可能是你未来的同事，甚至决定你能否称职的人，你的谈话对周围的影响是你难以把握的，这也许会导致你应聘的失败。

(8) 可以看看随身带来的材料以缓解紧张的心情。

(9) 不可带太多东西，一般拿个公文包，装一些面试材料，或个人简历。

(四) 谨慎首次照面

1. 把握时机 如果没有人通知，即使前面一个人已经面试结束，也应该在门外耐心等待，不要擅自走进面试房间。当自己的名字被喊到，必须有力地答一声“到”，然后再进去面试。不论门是开着、关着、半开着，你都应该敲门，敲门时以指节轻扣三声，力度以考官能听到为宜。听到里面说“请进”后，要回答“打扰了”，再进入房间。开门关门尽量要轻，进门后不要用后手随手将门关上，应转过身去正对着门，用手轻轻将门合上。回过身来将上半身前倾 30 度左右，向考官鞠躬行礼，面带微笑称呼一声“老师好”，彬彬有礼而大方得体，不要过分殷勤或拘谨，然后清楚说出自己的名字。

2. 专业化握手 面试时，握手是一种重要的身体语言。专业化的握手能创造出平等、信任的和谐氛围。你的自信也会使人感到你能够胜任而且愿意做任何工作。这是创造好的第一印象的最佳途径。怎样握手？握多长时间？这些都非常关键。因为这是你与考官的初次见面，这种手与手的礼貌接触是建立第一印象的重要开始，不少招聘单位把握手作为考察一个应聘者是否专业、自信的依据。但不要贸然与对方握手，只有当考官将手伸向你，表示有握手愿望时，才能与考官握手，并要保证你的整个手臂呈 L 型(90°)，手心向上，从下到上迎向对方，有力地上下垂直摇两下，然后把手自然地放下。握手应该坚实有“感染力”，双眼要直视对方，即使你是位女士，也要表现出坚定的态度，但不要太用力，更不要使劲摇晃；不要用两只手，用这种方式握手在外资公司看来不够专业。而且手应该是干燥、温暖的。如果他/她伸出手，握到一只软弱无力、湿乎乎的手，这肯定不是好的开端。如果你刚刚赶到面试现场，用凉水冲冲手，使自己保持冷静。如果手心发凉，最好能用热水焐一下。握手时长时间地拖住考官的手，或快速捏一下手掌，这说明你过于紧张，而面试时太紧张表示你无法胜任这项工作；轻触式握手显示你很害怕而且缺乏信心，会表示你不是个能干的、善于与人相处的职业者；在对方还没伸手之前，就伸长手臂去够考官的手，表示你太紧张和害怕，考官会认为你不喜欢或者不信任他们。

3. 巧用形体语言 美国加州大学洛杉矶分校的一项研究表明，个人给他人留下的印象，7%取决于用词，38%取决于音质，55%取决于非语言交流。非语言交流的重要性可想而知。在面试中，恰当使用非语言交流的技巧，将为你带来事半功倍的效果。

无声语言是重要的公关手段，主要有：手势语、目光语、身势语、面部语、服饰语等，通过仪表、姿态、神情、动作来传递信息，它们在交谈中往往起着有声语言无法比拟的效果，是职业形象的更高境界。形体语言对面试成败也非常关键，有时一个眼神或者手势都会影响到整体评分。风华正茂、有知识、有修养、有魅力的你，可以在考官眼中形成一道绚丽的风景，增强你的求职竞争能力。

(1) 落落大方的坐姿：在对方没请你入座之前，切记不可贸然就座。面试官还没有开口就顺势把自己挂在椅子上的人，已经扣掉了一半分数了。若对方一直没请你入座，而那个位置恰好有个座位，你可以适时提出“我是否可以坐在这里”的要求，得到对方允许后要说声“谢谢”，然后大大方方坐下去。

① 男生：入座时要轻，至少要坐满椅子的2/3，后背轻靠椅背，双膝自然并拢或略分开，双手放在膝盖上。身体可稍向前倾，表示尊重和谦虚。

② 女生：入座前应用手背扶裙，坐下后将裙角收拢，两腿并拢，双脚同时向左或向右放，两手叠放于腿上。如长时间端坐可将两腿交叉叠放，但要注意上面的腿向回收，脚尖向下。

有两种坐姿不可取：一是紧贴着椅背坐，显得太放松；二是只坐在椅边，显得太紧张。切忌跷二郎腿并不停抖动，双臂不可交叉在胸前，更不能把手放在邻座椅背上，或做些玩笔、摸头、伸舌头等小动作，容易给别人一种轻浮傲慢、有失庄重的印象。

(2) 打开心灵的窗户：眼睛是心灵的窗户，恰当的眼神能体现出智慧、自信以及对招聘单位的向往和热情。注意眼神的交流，这不仅是相互尊重的表示，也可以更好地获取一些信息，与考官的动作达成默契。正确的眼神表达应该是：礼貌地正视考官，注视的部位最好是考官的鼻眼三角区(社交区)，但不要一直盯着不放，否则考官会感觉你很怪异，应该时不时地移动一下眼神；目光平和而有神，专注而不呆板；如果有几个考官在场，说话的时候要适当用目光扫视一下其他人，以示尊重；思考问题时，可以把视线投在考官背面的墙上，不要看天花板或窗户外边，约两三秒钟，不宜过长，开口回答问题时，应该把视线收回来。

(3) 微笑的亲和力：微笑是自信的第一步，也能为你消除紧张。面试时要面带微笑，亲切和蔼、谦虚虔诚、有问必答。面带微笑会增进与考官的沟通，提高你的外部形象，改善你与考官的关系，应聘的成功率，会远高于那些目不斜视、笑不露齿的人。听考官说话时，要时有点头，表示自己听明白了，或正在注意听。同时也要不时面带微笑，当然也不宜笑得太僵硬，一切都要顺其自然。表情呆板、大大咧咧、扭扭捏捏、矫揉造作，都是一种缺陷。

(4) 适度的手势：说话时做些手势，加大对某个问题的形容和力度，是很自然的，可手势太多也会分散人的注意力，需要时可适度配合表达。交谈很投机时，可适当地配合一些手势讲解，但不要频繁耸肩，手舞足蹈。有些求职者由于紧张，双手不知道该放哪儿，而有些人过于兴奋，在侃侃而谈时舞动双手，这些都不可取。不要有太多小动作，这是不成熟的表现，切忌抓耳挠腮、用手捂嘴说话，这样显得紧张，不专心交谈。为表示亲切而拍对方的肩膀，这对陌生人是很失礼的事。

4. 注重必要的细节

(1) 注意力要高度集中：无论谈话投机与否，或者考官有其他的活动，如暂时处理一下文件，接个电话等，你都不要因此分散注意力，不要四处看，显出似听非听的样子。如果你对考官的提问漫不经心、言论空洞，或是随便解释某种现象，轻率下断语，借以表现自己的高明；或是连珠炮似的发问，让考官觉得你过分热心或要求太高，让考官难以应付，这都容易破坏交谈，是不好的交谈习惯。迅速理解考官的问题快速给出答案，对于一些比较难的问题可以适当思考一会儿，千万别表现出你对考官所提问题不理解而导致考官换一种说法问你，这样会留下你思维混乱，逻辑性差的印象。

(2) 回答应诚实：知之为知之，不知为不知。可随身携带一个笔记本，记些东西，一方面是表示对考官的一种尊重；另一方面是避免出现上述问题，要是你一时想不起来，或没法作答，你可以将问题记下来，并征求对方意见是否可以过后再补答这个问题。

(3) 递物应大方得体，双手呈递：如果同一份材料递交多人应注意递交次序，可以按考官职务高低顺序递交，若不清楚这点，也可以由近及远依次递交，动作一定要大方、得体，不拖泥带水。

(4) 注意观察考官，适时结束面试：若考官显得饶有兴趣（身体前倾），说明你表现出色，可以继续下去。若考官表现出明显的不耐烦（打哈欠或目光无神）这时你可以停下来问他："您是希望我再讲讲？还是想听听我在某方面的技能？"，从而适时地引导考官。若考官希望尽快结束面试（收拾文凭或站起来），你应该明白，此时结束面试是明智之举，应主动提出，并询问面试后的下一步环节是什么？

面试完后，起立，并向考官表示感谢，面向考官缓步退出面试室，不可走得太快，以免考官误以为你紧张、怯场、或有其他什么重要的事才这么快走的。最后出门时一定要对面试人员再次行点头礼，并轻轻将门带上。

既彬彬有礼，又落落大方，顺乎自然，合乎人情，外表、内涵和肢体语言的真挚融合为一，这便是现代人的潇洒风度。每个人都有自己的形象风格，展现出自信，体现出一种独特的自然魅力，风采便无人能挡。

三、面试结束后必备的礼仪

面试结束 3 天后，再打电话，不可过早，通话时间不要超过五分钟，先表示感谢，再询问面试情况。

四、结语

面试考察的是一个人的综合实力，有些东西可以临时抱佛脚，有些却不行。像个人文化修养、礼仪修养等，就应该平时多注意积累，才能做到临阵不慌。作为一个求职者应该时刻了解所求行业的动态，以及职位的最新要求，不断提高自己的个人能力，争取拿到最好的职位。另外，第一份工作别把钱看得太重，因为这是你从一个学生到社会一份子的转型期间，最好还是把精力投入在如何更快地适应新环境，提升自身价值上来。万一你在竞争中失败了，也不要气馁。这一次失败了，还有下一次，就业机会不只一个，关键是必须总结经验教训，找出失败的原因，并针对这些不足重新做准备，"吃一堑，长一智"，谋求"东山再起"。另外还可以连续找其他单位，在对方没给你下聘书之前，应多试几家单位，切不可守株待兔、以逸待劳。

医疗机构对机构人员形象有要求

目前有研究认为，随着社会文明程度越来越高，人们越来越重视对美的追求，在医疗机构的表现之一就是对医务人员的形象有一定要求。有调查表明，60.74%的病人认为护理人员形象影响其对医院的选择，直接影响医院的整体形象。因此现代医院十分注重形象建设，包括对专业人员也有形象要求。也有调查结果反映医疗机构在招聘人员过程中也有形象的要求，多数情况下，在同等条件或是近似条件的应聘者中，用人单位会倾向于那些有形象优势的人选。

附：

医学生面试小攻略

医学生能否顺利就业，找到一个理想的工作岗位，除了取决于医学生自身的素质、条件和社会因素外，掌握面试技巧有时显得非常重要。

1. 留下良好的第一印象

(1) 男生篇：要给人清爽、整洁的印象。面试前要彻底刮干净胡子，修剪好头发；衬衫、西裤、皮鞋、领带是男生面试时的基本配备，西装要保持同色配套，并且面料以深色、尤其是深蓝色为主；鞋子最好选择黑色皮鞋；袜子颜色最好和鞋子、裤子颜色一致。

(2) 女生篇：要给人美观、稳重大方的印象。妆容要淡雅、自然，忌浓妆艳抹；大部分选择职业套装，这是比较简单而且安全的选择，忌穿太紧、太透和太露的衣服；色彩搭配以淡色系搭配为主，忌出现色彩过于鲜艳；鞋子最好穿黑色、棕色或者暗红色的带跟皮鞋，鞋跟高度为 3～5 cm。

2. 切忌紧张与慌张

(1) 要提前 5～10 分钟到达面试地点：以表示求职者的诚意，给对方以信任感，同时也可调整自己的心态，做一些简单的仪表准备。

(2) 进入面试场合时不要紧张：面试前要努力全身心放松，可用深呼吸的方法保持平静。

(3) 善于运用肢体语言：仔细聆听、面带微笑、文雅大方，谈吐谦虚谨慎，态度积极热情。如果用人单位有两位以上主试人时，回答谁的问题，你的目光就应注视谁，并应适时地环顾其他主试人以表示你对他们的尊重。

(4) 应对自然：对方给你介绍情况时，要做到用耳朵听、用心聆听、用眼睛看。为了表示你已听懂并感兴趣，可以在适当的时候点头或适当提问、答话。回答主试者的问题时，答话要清晰明白、语调得体、音量适中、不用方言口头语。

3. 自我介绍、重点突出

(1) 介绍自己时所述内容要与简历相一致：重点突出与应聘职位相吻合的优势。表述时，要力求以真实为基础，注意表达的逻辑性和条理性，避免冗长而没有重点的叙述；考官主要评估面试者言谈举止是否得体，个性特点、行事风格是否合意，敬业精神与自信是否具备。

(2) 语言要含蓄、机智、幽默：说话时除了表达清晰以外，适当的时候可以插进幽默的语言，使谈话增加轻松愉快的气氛，也会展示自己的优越气质和从容风度。特别是当遇到难以回答的问题时，机智幽默的语言会展现出你的聪明智慧，利于化险为夷，并给人以良好的印象。

(3) 注意听者的反应：求职面试不同于其他谈话，而是更接近于一般的交谈。交谈中，应随时注意听者的反应，并适时调整自己的语言、语调、语气、修辞，包括谈话内容，这样才能取得好的效果。

4. 面试也要讲诚信

(1) 把握重点，条理清楚：一般情况下回答问题要结论在先、议论在后，先将自己的中心意思表达清晰，然后再做叙述和论证。否则，长篇大论，会让人不得要领。

(2) 明确提问内容，切忌答非所问：面试中，如果对用人单位提出的问题，一时摸不到边际，以致不知从何答起或难以理解对方问题的含义时，可将问题复述一遍，并先谈自己对这一问题的理解，请教对方以确认内容。对不太明确的问题，一定要搞清楚，这样才会有的放矢，不致答非所问。

(3) 要有个人独特见解：用人单位有时接待应试者若干名，相同的问题问若干遍，类似的回答也要听若干遍。因此，用人单位会有乏味之感。只有独到的见解和特色的回答，才会引起对方的兴趣和注意。

(4) 知之为知之,不知为不知:面试遇到自己不知、不懂、不会的问题时应该诚恳坦率地承认自己的不足之处,反倒会赢得主试者的信任和好感。

5. 分析考官个性、运筹帷幄

(1) 喜按履历表顺序提问者:多数缺乏经验或缺乏激情,面试过程会平淡乏味。对此,只需按章回答即可。

(2) 好从工作经验提问者:大多经验较为丰富。他们认为,面试应有的放矢,因此,只要了解从履历表中难以获知的信息。

(3) 似乎漫不经心提问者:大多"老谋深算"。他们为"套"出求职者的真实目的和情况,往往从一些看似与面试主题不太有关或较为简单的话题切入,以打乱你原先准备好的,然后按照其设下的"路线"进行。

(4) 喜标新立异的提问者:大多好卖弄学问。他们的兴趣是把你逼入"死角",因此会提出一些不着边际的问题,以此难倒求职者。对此,你最好尽快"认输",否则,会遇到更大的难题。

6. 面试常见问题回答

(1) 作为一名医务工作者,你认为你有哪些优势和不足?

(2) 你是一名急诊科医务人员,在你值班的时候,你的亲戚好友找你有急事,你会怎么做?

(3) 你如何看待个别医务工作者违反规定收受红包?你如果遇到这种情况,你会怎么做?

(4) 某大型医药企业推销员来你科室推销药品,声称已经在医院打通关系并且其他同事都已收下红包,只要你这里帮忙多开药品,就能按比例提成,在准备送你红包时,此时刚好同事进来,你该如何处理?

(5) 国家正在大力发展社区卫生,我市卫生局决定,从今年起,所有新录用医务人员,必须到乡镇社区卫生院服务5年,你认为在社区你的作用大还是在市级医院作用大?

(6) 当今社会,医疗纠纷成为热点话题,你对此怎样看待?

第四节 求职笔试

一、笔试类型

笔试并不是每家用人单位的招聘流程都会涉及的环节。原因在于:一方面,大多数笔试作为简历筛选之后的第一轮,参加的人数比较多,成本较高;另一方面,就一些对于专业的技术性要求不高的职位来说,对于应聘者的写作能力和分析问题的能力的考察也可以通过其他的途径来实现。

和面试相比,笔试是一种相对初级的甄选方式。有的用人单位将笔试作为面试之前的第一轮甄选,主要目的是为了选出那些符合用人单位的企业文化,具有他们所希望的思维方式和个性特征的人。还有的用人单位则将笔试作为面试的一种辅助手段,侧重考察那些在面试中考察不出来的素质,如书面表达能力、专业技术基础等。

对毕业生来说，从小学到初中，从初中到高中，从高中到大学，虽然考试经验丰富，但是招聘笔试还是要格外小心。否则很容易犯错甚至被淘汰。

根据内容来分，笔试主要有以下两类。

1. 技术性笔试 这类笔试主要针对研发型和技术类职位的应聘，这类职位的特点是，对于相关专业知识的掌握要求比较高，题目特点主要关于涉及工作需要的技术性问题，专业性比较强。这类考试的结果，和应聘者大学几年的学习成绩密不可分。所以，要成功应对这类的考试，需要坚实的专业基础。大部分医学专业的岗位招聘属于此类。

一般大型医院，如综合性医院、地方性等级医院，甚至一些名牌医药公司在招聘职位时都会进行这样的笔试。例如，红河州第一人民医院在2013年安排招聘护士的笔试，都是关于护理学专业主干科目的题目，对应聘者的专业基础要求非常高。最后经过笔试筛选，淘汰了90%的候选者，由此可见笔试对技术性职位的重要性。

对医学生而言，专业笔试主要考察基础知识、基本技能，而不是很高深的学问，一般都是专业基础课。比如外科学、内科学、急诊医学、药理学等。对于这类技术性岗位，大型用人单位和小型用人单位的笔试内容的侧重点有很大区别的。一般小型用人单位注重实用性，考的比较细，目的就是希望被聘用者能早期上岗。大型用人单位则强调基础和潜力，所以考得比较泛泛。对于一些事业单位和公务员招聘考试的笔试，建议可以看看公务员考试的教材和试题，有很多综合性问题，这类问题对这些类型的笔试是很有帮助的。

爱尔眼科个旧医院招聘护士的试题

视f野最大的是(　　)

A. 白色　　B. 黄色　　C. 红色　　D. 绿色　　E. 黑色

突出专科性医疗机构实用性特色。

2. 非技术性笔试 这类笔试一般来说在非医学类专业招聘中可能会更常见，对于应试者专业背景的要求也相对宽松。非技术性笔试的考察内容相当广泛，除了常见的英文阅读和写作能力、逻辑思维能力、数理分析能力外，有些时候还会涉及时事政治、政策法规、生活常识、情景演绎，甚至智商测试等。下面我们来做一个详细的介绍和分析。

在现实的招聘中，大部分的外企都是采用英文阅读和写作的笔试题型。但是，其他笔试的类型，出现的频率更高，也具备一定的代表性，在这里做一个归纳介绍。

(1) 考察简单的数理分析能力：典型的题型包括数列的规律，速算，平面几何和立体几何的一些简单应用。一般来说，这类题型不提供也不允许携带计算器。在以往万科企业集团的笔试，强生(中国)的笔试以及瑞安集团的笔试中都出现了类似的题目。

(2) 对于知识域的考察：所谓知识域，主要包括一些常识性的问题和时事方面的内容。知识域的考察注重的是应试者平时对于常识性问题和时事政治的关心程度，这些内容分布广，涵盖了政治、经济、社会和人文的方方面面，因此要重视平时的积累。

(3) 语言理解和表达能力的测试：比较类似于高考的语文，例如，对于语病的判断，选择合适的词填入，成语的辨析，段落大意的归纳等。在2004年万科集团和强生(中国)的笔试中，这部分内容同样有涉及。

(4) 逻辑推理的问题：逻辑推理的问题主要包括两种题型。

① 图形的推理题：指通过寻找一定的规律来找出相似的图形或者不属于同类的图形。这是一种形象思维能力和抽象思维能力的复合的考核，而抽象思维的能力，特别是将具体图形中相同或者相似的共性找出来并将其元素化的能力是解题的关键所在。在国家公务员考试及2004年的万科笔试、瑞安集团笔试、港龙航空笔试和强生（中国）的笔试中，都出现了这样的图形推理题。

② 文字的分析推理题：考察的本质是对于充分条件、必要条件和充要条件的理解和判断，但是题目的类型多以生活化的场景来演绎，并不拘泥于简单的数学表达形式。

例　题

烧一根不均匀的绳从头烧到尾总共需要1 h。如何用它来判断半个小时烧一根不均匀的绳？现在有若干条材质相同的绳子，如何用烧绳的方法来计时一个小时十五分钟呢？

解答：一根绳子从两头烧，烧尽就是30 min。第一根要一头烧，第二根从两头烧，两头烧完的时候30 min，将第一根剩下的另一端点着烧尽就是45 min。第三根两头烧，全部烧尽所用时间就是1 h 15 min。

二、笔试准备

如何来准备这些笔试呢？首先要明确的一个观念是，笔试本身就是一种能力的测试，加上它的高淘汰率，因此想要通过短期突击提高笔试应试能力的想法都是不现实的。知识的积累是一种长期的实践和积累，并不是可以一蹴而就的。因此，笔试的知识准备是最为重要的。

1. 学以致用，理论联系实际　现在的求职考试越来越强调用学过的知识来解决实际问题，具有很强的实用性。换句话说，现在的应聘考试主要是考核应聘者对知识的运用能力。因此，在复习过程中必须始终突出一个“用”字，通过各种实践，把学到的知识运用到实际工作中去解决各种具体的问题。

2. 提纲挈领，系统掌握　在知识与能力这两者中，知识无疑是基础，没有扎实的基础知识，能力的培养和提高也就无从谈起。掌握知识的一个有效方法就是要化零散的知识为系统知识。但是应聘笔试范围大、内容广，存在着一定的随意性和盲目性，因此，凡是与求职有关的一些知识如文史知识、科技知识、经济知识、法律知识和一般的电脑知识，均要系统地复习一遍。

3. 多读多练，提高阅读能力和知识记忆　提高阅读能力，对扩展知识面和回答应聘考试的各类问题很有益处。要提高阅读能力，首先得坚持进行阅读实践。知识的获得，主要依靠传授，能力的提高，则必须通过实践。复习时经常做些阅读训练，有助于提高阅读能力。在做阅读训练时，一定要做到“眼到”和“心到”，特别是“心到”，即对每个问题都仔细揣摩，认真思考，分析比较，归纳总结，才能提高自己的阅读能力。

4. 敏锐思考，提高快速答题能力　为了适应招聘考试中的题量，还应该尽快培养自己快速阅读、快速思维和快速答题的能力。因为现代阅读观念不只着眼于信息的获取，而且还特别重视速度。所以在准备笔试的时候一定要提高做题速度，在笔试前要多做一些相关的题型训练，这是提高速度的一个常用途径。

5. 学会运用做题策略和技巧，提高答题速度　怎样提高考试成绩？有老师这样说：“学习知识很重要，但学会做人更重要；学习知识很重要，但学会学习的方法比学习知识更重要；学习知识很重要，但学会考试的技巧同样很重要。”在考试当中是有很多技巧和策略的。首先，把心态放平和。考试也是对一个人心理素质的测试，过度的紧张只能使人发挥失常。平和的心态能使你超水平发挥。要学会自我解嘲、自我安慰，对自己进行必要的心理调节；其次，在考试当中要时常对自己进行心理暗示：我能行。考试当中要保持自信，即使遇到偏、难、怪题也要相信自己“我不会的别人也不会，我会的别人也不一定会”，而且不要对这样的问题一直纠缠，浪费时间，做完自己得心应手的题后再做。在心理有很大优势的情况下，说不定灵感突来，真能超水平发挥，成为一匹“黑马”。再次，不管上一场的考试结果如何，都不要再去考虑，需要的是放松心情积极迎接下一场考试。还有在考试中注意合理的分配时间也是十分重要的。

命题老师在出题时是有意图的，复习的过程中要注意总结、揣摩命题老师的意图，“通过本题老师希望考察哪方面的知识或能力？”久而久之你就学会了掌握知识的重点，学会了学习的一种重要方法。试想一下，如果你的想法和命题老师想法一样，那么做题速度会是什么样呢？

三、笔试注意事项

参加笔试时，还应注意以下一些细节：

1. 听从安排　应当在监考人员的安排下就座，而不要选择座位，更不要抢座位。如果因特殊情况，座位确实需要调整时，一定要有礼貌地向监考人员讲清楚并征得其谅解，若实在不能调换，也应理解其工作上的难处。

2. 遵守规则　在落笔之前，一定要听清楚监考人员对试卷的说明，不要仓促作答，不要跑题、漏题或文不对题，更不能有不顾考场纪律、我行我素的行为，比如未经许可携带手机等通讯工具，擅自翻阅字典、使用电子词典或其他电子设备等。

3. 写好姓名　做题前一定要先将自己的姓名等被要求填写的个人情况写清楚，以免百密一疏，白白地做了一回“无名英雄”。

4. 卷面整洁　答卷时应注意卷面整洁、字迹清晰、行距有序、段落齐整、版面适度（即从对方阅卷装订方便出发，试卷上下左右边缘应该留出些空隙而不要“顶天立地”）。因为求职过程中的笔试不同于在校时的考试，“醉翁之意不在酒”，有时用人单位并不特别在意应聘者考分的稍许高低，而是从中观察考生是否具有认真的态度、细致的作风，从而决定录用意向。

5. 光明磊落　防止一些可能被视作舞弊的行为或干扰考试的现象出现。诸如“瞄”别人的试卷，藏匿被考试单位禁止的参考材料，与旁人嘀咕等。另外，独自口中念念有词，把试卷来回翻得哗哗作响，用笔击打桌面，唉声叹气，抓耳挠腮，经常移动身体或椅子显出烦躁不安等举动是不会为自己带来任何好处的。

6. 主动上交手机等通讯工具　参加笔试，一定要注意手机等通讯工具的处理，按照监考人员的要求，关掉手机放在包里或直接交给监考人员保管，否则手机等通讯工具响起来时，你会不自觉地去看，就有作弊的嫌疑或给用人单位留下了一个不严谨的印象，将直接影响到毕业生笔试的成绩和效果。

思考题

1. 什么是就业渠道？主要的就业渠道有哪些？

2. 你认为最适合你的就业渠道是哪种？为什么？

3. 就业信息收集的方法有哪些？

4. 处理就业信息时应注意哪些问题？

5. 请指出下面求职信失败的原因并加以修改。

求 职 信

尊敬的贵单位领导：

你好！

我叫徐楠，今年21岁，是某卫生职业学院药学专业的统招专科生，即将于2014年毕业。

三年的大学生活在一段和谐的乐章之后即将画上一个美丽的休止符。站在人生的坐标点上，我寻找着又一个新的起点，与千千万万即将毕业的大学生一样，我也希望能找到一个符合自己专业及特长的工作岗位，于是冒昧地向贵单位写下了这封自荐信。

我来自红河州蒙自市，"乐观、向上"是我的个性特点，"认真、踏实"是我的工作作风，父母"大其心容天下之物，虚其心晓天下之理"的教诲使我在人生的道路上多了一份虚心和坦诚。当然，我在一些方面还有这样那样的缺点和不足，但肯定会在以后的工作实践中变得更成熟，更理性，也更完善。

三年的大学生活使我学到了许多东西，"做一个与时代特征相匹配的大学生"是我的求学目标，又加上与生俱来的强烈好奇心，促使我把大部分时间和精力投入在学习上，并取得了优异的成绩，在学好各种基础课的前提下，我根据自己的特点和优势有选择地加深拓宽专业知识面，经营管理和现代企业管理都是我感兴趣的领域。

在通向21世纪的道路上，计算机和英语是不可缺少的两种工具，在校期间，我通过了英语四级（CET-4）、国家计算机二级，但学无止境，我将会在这两个方面继续深入学习。三年级到健之佳公司实习，使我的专业知识更加牢固。作为院足球队的队长，我和其他队员并肩战斗，取得了学校足球比赛的亚军，从中我深深体会到：无论做什么工作，都需要一种兢兢业业的态度和集体合作的精神。

短暂的大学生活给予我的不仅仅是专业技能的掌握，更为重要的是，在大学这个特定的环境中，我的世界观、人生观和价值观得到了较好的完善，同时也具备了年轻人所应有的事业心、责任感以及一定的冒险精神，对自己所追求的信念、理想，永不放弃。

"恰同学少年，风华正茂，书生意气，挥斥方遒"，宽厚的专业理论基础和对本专业的浓厚兴趣，使我对自己充满了信心，我渴望能供职于贵单位，若能应聘，我希望能从事与我所学专业相关的工作，当然，我也会服从贵单位的安排，无论做什么工作，我都会尽我所能出色地干好。

最后，为我的冒昧打扰甚感抱歉，但恳切希望贵单位能给我一个面试的机会。

给我一个机会

还您一个奇迹

祝：贵单位兴旺发达！

自荐人：××

2013年11月

6. 实践环节教学安排：每位同学根据就业目标的要求，设计出个性化的求职简历。分组讨论。要求：① 修正完善求职简历；② 各系就业课程组安排教师指导。

第八章　学生就业权益保护与相关政策

章首语

尽管就业途径有多种多样，相关政策规定不断推出，但《就业协议书》和《劳动合同书》仍是保护毕业生就业权益的主要法律文献，知法、懂法和用法可以避免毕业生在求职过程中少走弯路，用法律来维护毕业生的合法权益，共同营造社会法制化的民主氛围；同时让毕业生紧跟就业形势，了解就业政策，让政策为我所用，促进多样化就业、充分就业、尽早就业。

学习目标

1. 了解就业协议书的权益保护。
2. 了解劳动合同的权益保护。
3. 了解目前专科层次毕业生的就业政策规定。

第一节　就业协议书

典型案例

小张，是医专学校应届毕业生，专业是医学影像技术，毕业前小张与家乡所在县医院签订了《就业协议书》，并交学校协议书生效，协议书中填写的专业是如实填写的。可是，毕业报到时，县医院拒绝接受小张报到，理由是医院原以为医学影像技术专业等同于医学影像专业，后来知道两者是有区别的，故拒绝接受小张。这种情况的发生，显然属于违约行为，造成这样后果的原因用人单位和毕业生其实都有各自的责任，但损失和影响最大的还是毕业生本人，毕竟已经错过了找工作的黄金时间。

一、就业协议书的性质

何谓就业协议，必须先要回顾一下我国高校就业制度的改革的背景。随着我国经济体制由计划经济体制向市场经济体制的变化；高校招生也从单一的计划招生制度变为多元化招生制度，高校扩招成规模化；就业制度也在发生很大的变化，过去是国家指令下统一分配，每名毕业生凭证明自己是干部身份的“派遣证”到单位报到工作，这种计划经济体制年代的招生就业制度即“统招统分”的年代已经结束，在市场经济体制下，国家实行的是高校毕业生与用人单位进行“双向选择、自主择业”的就业方式。按照现行的规定，未毕业的学生是不能直接与用人单位建立劳动关系的，只有毕业后才有资格签订劳动合同。可现实是，找工作必须在毕业前进行，否则毕业时无单位接收，毕业生就无从派遣，于是在从指令分配向双向选择转变的过程中，教育部制定了《全国普通高等学校毕业生就业协议书》，形成了介于国家分配和市场寻找（劳动合同）之间的就业协议，用于解决毕业与就业的时间差问题。

就业协议书，全称是《全国普通高等学校毕业生就业协议书》，是由教育部高校学生司统一制订的，又称为“三方协议”，后述统一简称为“就业协议书”。根据1997年国家教委制定的《普通高等学校毕业生就业工作暂行规定》，签署“就业协议书”成为大学生就业的必经阶段。根据国家规定，在达成就业意向后，毕业生、用人单位、学校三方必须签订《全国普通高等学校毕业生就业协议书》。目前，就业协议书由国家教育部提供的同一样本，省、市、自治区、直辖市就业主管部门印制，就业协议书具有一定的法律效应，是学校制订就业方案和派遣毕业生、用人单位申请用人指标的主要依据，对签约的三方都有约束力，协议书一旦签订，任何一方不得擅自违反，双方当事人必须认真、严格地履行各自应承担的义务。

《全国普通高等学校毕业生就业协议书》样本见附录Ⅱ。

二、就业协议书的作用

1. 是明确用人单位与毕业生双方权利与义务的承载形式 就业协议书是明确毕业生、用人单位和学校在毕业生就业工作中权利和义务的书面表现形式。就业协议书通常都规定毕业生享有知情权，即有权了解单位的基本情况、工作内容、福利待遇等。同样规定用人单位也享有知情权，即毕业生有如实向用人单位介绍自己真实情况的义务。

2. 是作为学校列入派遣计划和用人单位接受毕业生就业的重要依据 就业协议经毕业生与用人单位签字、盖章后，对当事人双方即产生法律上的约束力，用人单位应当依据就业协议书接收毕业生就业。

计划经济时代，毕业生全部实行国家统一分配，无就业协议书，但是《派遣证》作用明显，而现阶段就业协议书是高校制定毕业生就业方案、统计毕业生就业落实情况、制定派遣计划的依据，是打印《报到证》的依据，持《报到证》到用人单位报到后，仍需签订劳动合同或聘用合同。

3. 是办理毕业生就业手续的根据 就业协议书是由学校发放、毕业生签字，用人单位盖章，毕业生本人保存一份，作为办理报到、接转行政和户口关系的依据。签订就业协议书是国家为规范高校毕业生就业工作，解决应届毕业生户籍、档案、保险、公积金等一系列问题，为维护毕业生、用人单位和学校的合法权益而采取的一项必要措施。

三、签订就业协议书的程序

签订就业协议书是一件严肃的事情，无论个人、学校还是用人单位，对签订就业协议书都应持谨慎的态度，因此具体流程主要有三个环节：毕业生填写个人基本情况；用人单位填写基本情况及签署接收意见；学校就业部门签署意见并备案。

1. 毕业生基本情况介绍 根据就业协议书中填写要求，毕业生在就业协议书中如实填写自己的基本情况，表明自己的就业意见，在规定时间内到用人单位报到，如遇到特殊情况不能按时报到，需征得用人单位同意。

2. 用人单位情况须填写内容 根据就业协议书中填写要求，用人单位要如实介绍本单位的情况，明确对毕业生的要求及使用意图，做好各项接受工作。毕业生和用人单位达成协议，用人单位填写相关内容并签字、盖章。毕业生和用人单位填写双方约定的其他条款，用人单位应在协议书上注明可以接受毕业生档案的名称和地址。用人单位进人，如果必须经上级主管部门同意，应该上报主管部门批准。用人单位在签订后10个工作日内将协议书直接送到学校毕业生就业指导工作处，也可由毕业生本人转交。

3. 就业指导工作处签署意见并盖章 学校审核、签字、盖章之后及时将协议书审核情况反馈给用人单位和毕业生，协议生效，用人单位和毕业生双方都必须严格履行协议，任何一方若违反协议，应承担相应的违约责任。就业协议书一份交与用人单位，一份交与毕业生自己保留，一份交学校作为学校制定毕业生就业方案的依据，在省教育厅就业主管部门备案。

四、就业协议书填写说明

（1）填写就业协议书时，一律用黑色碳素笔或蓝黑钢笔填写，且不得涂改。

（2）填写用人单位情况时，用人单位名称必须与有效印章一致。单位联系人、电话、通信地址及性质要写清楚；档案收取一栏，一定要将人事档案保管单位的全称和地址写清楚，有人事托管的单位可填单位地址，无人事托管单位的应填写其托管档案的单位地址（人才市场、人才交流中心——主要是指挂靠到人才市场、人才交流中心的三资企业、民营企业和私营企业）。

（3）毕业生情况填写时，如实填写姓名、民族、学制、专业。联系电话一定要填写清楚，电话号码有变更时要及时告知学校系部班主任或辅导员。

（4）附加条款在双方协商达成协议时作为补充协议另外备份。

（5）在与用人单位签订协议书时，一定要注意用人单位和主管部门，有用人单位自主权的单位则“用人单位上级主管部门意见”栏可省略，其实，用人单位除了性质之外还有级别之分，一定要将所有的公章盖全，以避免不必要的麻烦。

五、签订毕业生就业协议书时需要注意的问题

1. 查明用人单位的主体资格和基本情况 只有具备合法主体资格的单位，才拥有录用毕业生的自主权。毕业生要弄清楚该单位是否具有从事相关项目经营和管理的能力与资格，是否有录用毕业生的计划和用人自主权，企业招聘的岗位性质、员工培养制度、待遇、福利项目、违约处理等系列内容要有所把握。

2. 按规定的程序签订协议 毕业生在签订协议时，必须按规定的程序办理。一般说来，毕业生与用人单位先达成协议，双方填写相关内容并签字、盖章，再交由学校毕业生就业指导工作处审核签证并签署意见后纳入就业计划，协议书生效。有的毕业生为了省事，要求学校就业指导部门先签署意见（盖章），这样做使学校无法起到监督、公证的作用，不便于维护毕业生的合法益。

3. 每位毕业生只能与一个用人单位签订就业协议书 就业协议书的管理有严格的规定，任何单位或个人均不得复印、复制、翻印就业协议书；在签订就业协议书时，如果就业协议书因破损等情况而不能使用时，可持原件到招生就业工作处申请更换；就业协议书不得挪用、转借、涂改，否则视为无效，就业协议书一式四份，每名学生均为唯一编号，如有多份或复制后与多家用人单位签订协议的行为属违法行为，不仅协议无效而且将追究乃至承担赔偿责任。

4. 注意与劳动合同的衔接 由于毕业生就业协议签订在先，为避免在日后订立劳动合同时产生纠纷，应尽可能将劳动合同的主要内容在就业协议的约定条款中写明，并明确表示在今后订立劳动合同时应以确立。

5. 明确考取升学、入伍、留学的处理办法 如果有升学、入伍、留学等情况，应该事先与用人单位说明，并在协议中注明中止协议要承担的违约责任及如何履约，以免录用后给本人和用人单位带来不必要的麻烦，往往有的毕业生向用人单位隐瞒这些情况，提出解约时遭到违约处理，会对其他毕业生产生影响。一个单位，你不去，别人可以去，用人单位不录用你，完全可录用别人，录用你，就不能录用其他毕业生，日后违约，当初想去的毕业生也不一定能补缺，造成指标浪费。高校大学生应是讲诚信、讲法制的践行者，因此学校再次强调毕业生在签约过程中要做到慎重选择，认真履约。所以，毕业生应该在签约前就此与用人单位充分沟通，一般都会取得用人单位的谅解。

6. 就业协议书违约的表现及处理 违约的表现形式主要是毕业生和用人单位违约，根本原因是签约之前缺乏充分的交流。

毕业生违约多见于毕业生同时与多家单位签约，再定取舍；向用人单位提供不真实的录用情况。用人单位违约多见于拒收毕业生；提供不真实的情况和虚假材料，误导毕业生与之签约；还有其他违约行为，如为约束学生收取一些不合理的费用或违反行政法规，不执行有关规定，侵害毕业生的合法权益。

违约的处理。毕业生应该先向已签约的用人单位提出违约申请，征得用人单位及其主管部门的同意，承担违约责任，然后持用人单位的解约函和已签订的就业协议书到学校毕业生就业工作部门提出申请，经学校就业工作部门批准，方可签订新的就业协议；若用人单位违约无故要求解约，毕业生有权要求对方履行就业协议，否则用人单位对毕业生按协议约定承担违约责任。在本章的典型案例违约原因中，很重要的一条就是毕业生和用人单位在签约之前都应该仔细交流，使双方都对“医学影像技术”专业的认识达成共识，避免日后给双方造成不同程度的损失和不良影响。

第二节 劳动合同

典型案例

小李，是医专学校药学专业的应届毕业生，毕业后与某药企订立了二年的固定期限劳动合同，其中试用期为六个月。在试用期间，小李在车间工作不慎造成工伤，导致右手四个手指功能丧失，药企仅承担了小李治疗期间的部分医疗费用和营养费，其余的保险赔偿小李未能享受。药企的理由是小李目前尚处在“试用期”，属“临时工”，没有为试用期的毕业生缴纳各项社会保险。

在本案中药企对毕业生的合法权益主要有两点侵权行为。其一，违反了《中华人民共和国劳动合同法》“劳动合同期限在一年不满三年的，试用期不得超过三个月”的规定，本案试用期为六个月；其二，违反了《中华人民共和国劳动法》“在试用期内，用人单位也必须依法为劳动者缴纳社会保险（五险：养老、医疗、工伤、失业、生育保险），有的地方还要求办理住房工积金以及其他险种。”的规定。

在 1994 年第八届全国人民代表大会常务委员会第八次会议就通过了《中华人民共和国劳动法》（后简称《劳动法》），并于 1995 年 1 月 1 日起施行。劳动合同法是规范劳动关系的一部重要法律，属社会法。《中华人民共和国劳动合同法》（后简称《劳动合同法》）自 2008 年 1 月 1 日起施行，修改方案于2012年12月28日通过，自2013年7月1日起施行。《劳动合同法》共分8章98条，包括总则、劳动合同的签订，劳动合同的履行和变更、劳动合同的解除和终止、特别规定、监督检查、法律责任和附则。

《劳动法》、《劳动合同法》的颁布实施，对劳动合同、合同期限、违约金等做出了明确的规定，但由于部分刚出校门的毕业生法律意识淡薄，认为劳动合同签不签无所谓，更自由，想走就走。而用人单位用工不规范或有些用人单位为了逃避法定义务，也故意不与毕业生主动订立劳动合同，这都是错误的，发生纠纷时或许对双方都不利，并且毕业生相对处于弱势地位，因而导致就业过程中侵犯毕业生权益的事件频频出现。

用人单位与劳动者订立劳动合同，应该遵循平等自愿、协商一致和符合法律等三项原则。用人单位与劳动者签订劳动合同时，劳动合同可以由用人单位拟定，也可以由双方当事人共同拟定，但都必须经双方当事人协商一致后才能签订。

一、劳动合同的内容

（一）必备条款有7项

1. 劳动合同期限 分为有固定期限和无固定期限两种。

（1）固定期限：即合同中明确约定效力期限，期限可长可短，短的几个月，长的几年，大学毕业生就业时，通常都是订立有固定期限的劳动合同，毕业生中这种形式最常见。

（2）无固定期限：即劳动合同中只约定了起始日期，没有约定具体终止日期，但约定终止合同的条件。《劳动法》14条规定，同一用人单位连续工作满10年以上，双方当事人同意续签合同的，如果劳动者提出订立无固定期限劳动合同的，应当订立无固定期限劳动合同。用人单位违规不签订无固定期限劳动合同的，在解除和终止合同时，应按规定的经济补偿准则的双倍支付赔偿金。《劳动法》20条规定，劳动者在无固定期限劳动合同可以依法约定终止劳动合同条件，在履行中只要不出现约定的终止条件或法律规定的解除条件，一般不能解除和终止合同，劳动关系可以一直维持到劳动者退休为止。目前，随着医改制度的不断深化，合同制方式就业成了就业的主要形式，“合同制护士”、“合同制医生”占有医院人事结构的比重越来越大，医学毕业生了解相关法律依据，可以更好地维权。

2. 工作内容 约定工作数量、质量，劳动者的工作岗位等内容。

3. 劳动保护和劳动条件 约定工作时间和休息休假的规定，各项劳动安全与卫生措施等。

4. 劳动报酬 约定劳动者的工资标准、加班工资、奖金、津贴、补贴的数额及支付时间、支付方式等。

5. 劳动纪律 一般以规章制度形式作为合同附件加以约定。

6. 劳动合同终止的条件 一般在无固定期限合同中约定。

7. 违反劳动合同的责任 可约定两种形式的违约责任，一是由于一方违约给对方造成的经济损失，约定赔偿的方式；二是约定违约金。

（二）约定条款

除上述7项必须具备的条款内容外，还可以约定其他的内容，一般简称协商条款。

根据《劳动合同法》，只要是劳动者与用人单位为确立劳动关系而订立的以劳动权利与义务为主体内容的书面协议，均视为劳动合同。

根据《劳动合同法》，凡是违反法律规定和采取欺诈、威胁等手段订立的劳动合同，均为无效合同。无效合同从订立之日起就没有劳动约束力。

典型案例

小王，是某卫生学校应届毕业生，由于就业的压力和家境的原因，急于想找到一份工作，心想只要尽早就业怎么都成。经过一轮求职面试后，一家民营机构诊所决定录用她，并约定签约时间。在赶往用人单位的路上，她心里既忐忑怎么签合同，又高兴总算找到工作了，到了用人单位，用人单位人力资源部负责人告诉她，只需在乙方签名处把名字签上即可，小王二话没说就签字上班了。没过多久，小王感到这家诊所实在不适合自己，提出要解除合同，用人单位人力资源部告诉她，解除合同要支付违约金，小王说，合同没说要支付违约金啊？负责人拿出合同，合同书白纸黑字赫然写着"在合同期内乙方解除合同需支付违约金"。这时，小王才想起签订合同时她根本没看过合同。家境的原因她一时无力支付呀！身处绝境的小王急哭了，最后回到自己母校求助，学校了解情况后，依据相关法律与用人单位交涉，最终得以解决。

这个案例中的合同是典型的"霸王合同"。《劳动合同法》第三条明确规定：用人单位与劳动者订立劳动合同，应该遵循平等自愿、协商一致和符合法律等三项原则。用人单位在小王不知情的情况下，没有与其商议，是违反法律规定的，属无效合同。但并非所有学生都能像小王那样幸运，顺利解决纠纷的。

二、关于劳动合同中的见习期和试用期

（一）见习期

见习期，是指根据国家相关规定，用人单位招收应届毕业生后，原则上都要安排见习，期限为一年。目前，一般实行一年的见习期制度。在见习期内，只发给毕业生见习工资，见习期满后符合用人单位要求的即可转正。并从期满以后的第一个月起享受正式工资。对于见习期内表现不好的学生，用人单位可以适当延长见习期。延长期限为半年至一年，最长不得超过一年。

（二）试用期

试用期，是用人单位和劳动者为了相互了解、选择而约定的考察。进入同一个用人单位、同一系统或集团，试用期只能有一次，最长不得超过六个月。毕业生应该注意下面几个问题：

1. 试用期与劳动合同期限应成适当比列 劳动合同期限在 3 个月不满 1 年的，试用期不得超过 1 个月；劳动合同期限在 1 年不满 3 年的，试用期不得超过 3 个月；3 年以上固定期限和无固定期限的劳动合同，试用期不得超过 6 个月。

2. 试用期应该包括在合同期限 在试用期就必须签订劳动合同。

3. 试用期工资 劳动者在试用期的工资虽然可以低于正常工资，但不得低于当地最低工资或劳动合同的 80%工资。

4. 试用期的权利 试用期包含在劳动合同期限内的，劳动者在试用期内享有的权利义务与试用期满后享有的权利义务应该是一致的。因此，在试用期内，用人单位也必须依法为劳动者缴纳社会保险（五险：养老、医疗、工伤、失业、生育保险），有的地方还要求办理住房公积金以及其他险种。

5. 劳动合同生效时间 劳动合同没有规定劳动合同生效的时间，当事人签字之日，即视为劳动合同生效时间。劳动者仍然在原单位工作，原单位未表示异议的，视为双方同意以原条约继

续履行劳动合同。

6. 劳动合同中的违约金问题 根据《劳动合同法》第25条的规定，除了在培训服务期约定以及竞业限制约定中，用人单位可与劳动者约定由劳动者承担违约金外，在其他情形下，用人单位不得与劳动者约定由劳动者承担违约金，由于用人单位的原因订立的劳动合同归于无效，对劳动者造成的损失，应承担赔偿责任。

（1）《劳动合同法》明确只允许用人单位与劳动者约定两种违约金：

① 用人单位出资让劳动者去培训，可以约定服务期违约金，但金额最高不能超过用人单位支出的培训费用，且按约定期限逐年递减；

② 关于用人单位的商业秘密的保密协议，可以约定竞业期违约金，约定劳动者在离职后一段时间不得到同类的公司就职。但最多不得超过两个月，离职后原用人单位需按月向劳动者支付不能到同类单位任职的经济补偿，否则劳动者不算违约。

（2）劳动者支付服务期违约金的必备条件

① 用人单位对员工实施了名副其实的专业技术培训，能够出具专业技术培训的费用票据；

② 用人单位与毕业生订立有约定服务期的协议；

③ 毕业生在服务期内提前辞职。这3项必要条件缺一不可。

三、签订劳动合同时应注意的问题

1. 提前准备 劳动合同往往是用人单位早已准备好的格式合同，在全面把握合同条款的基础上，还应该重点了解合同解约的违约责任和补偿标准，以及在什么情况下单位不得与劳动者解除劳动合同。

2. 谨慎缴费 用人单位与劳动者签订合同的同时，不得以任何形式向劳动者收取定金、保证金或抵押物。

3. 劳动合同必须以书面的形式 现在有的单位不愿与劳动者签订书面合同，想以此逃避某些法律的责任，但作为劳动者，有权要求与用人单位订立书面合同，并要求自己保留一份。

4. 必备条款不可少 劳动合同应该以书面形式订立，并具备以下条款：劳动合同期限、工作内容、劳动保护和劳动条件、劳动报酬、劳动纪律、劳动合同终止的条件、违反劳动合同的责任等。

5. 附加条款要看清 在聘用合同中，一般都有附加条款，要认真检查有无遗漏的约定事项，需要补充的立即补齐，绝对不可拖延。仔细确认用人单位的签字盖章，劳动者与用人单位建立劳动合同时，最好当面让用人单位负责人签字盖章，同时，仔细签订单位所盖公章，看是否与自己即将入职的单位一致。

6. 审慎对待自己的签字 在签订劳动合同时，毕业生应该注意审查合同条款，不清楚的条款要询问明白，双方达成共识并书面表述清楚再签字。

7. 注意合同生效的条件和时间 要注意合同生效的条件和时间，有的合同需要登记或者公证后才生效。

四、就业协议书与劳动合同的区别与联系

就业协议书与劳动合同两者都是用人单位与毕业生所签订的法律文书，且劳动合同书的内容应包括就业协议书的内容。但两者又有本质区别，详见表8-1所述。

表 8-1　就业协议书与劳动合同的区别

区别	就业协议书	劳动合同
主体不同	毕业生以准劳动者身份与用人单位签约是主体，学校是鉴证方	毕业生以劳动者身份与用人单位签约是主体，学校不是鉴证方
时间不同	在毕业生到用人单位报到之前签订	在毕业生到用人单位报到之后签订
内容不同	毕业生与用人单位之间工作的约定，可不涉及劳动关系	毕业生与用人单位之间具体劳动合同的约定，涉及具体的权利与义务劳动关系
法律依据不同	就业政策和《民法通则》	《劳动合同法》
目的不同	初步的就业约定；编制就业方案依据；签订劳动合同的依据	劳动关系的具体约定
时效性不同	签订之日到报到之前	由劳动合同的期限性决定

五、关于《报到证》、档案、户口和组织关系

（一）《报到证》的性质与作用

1.《报到证》的性质　《全国普通高等学校本专科毕业生就业报到证》简称《报到证》，是由国家教育部印制，省级普通高校毕业生就业管理部门签发，只有列入国家或省毕业生就业方案的普通高校毕业生才能持有报到的证件。《报到证》是毕业生到就业单位报到的凭证，也是毕业生参加工作的初始记载和凭证，《报到证》是存入个人档案的必备材料。

《报到证》一式两份，正本为蓝色的“报到证”，（图 8-1）由毕业生本人持有，到单位报到时交给单位；副本为白色的“通知书”，由学校负责装入毕业生本人档案。

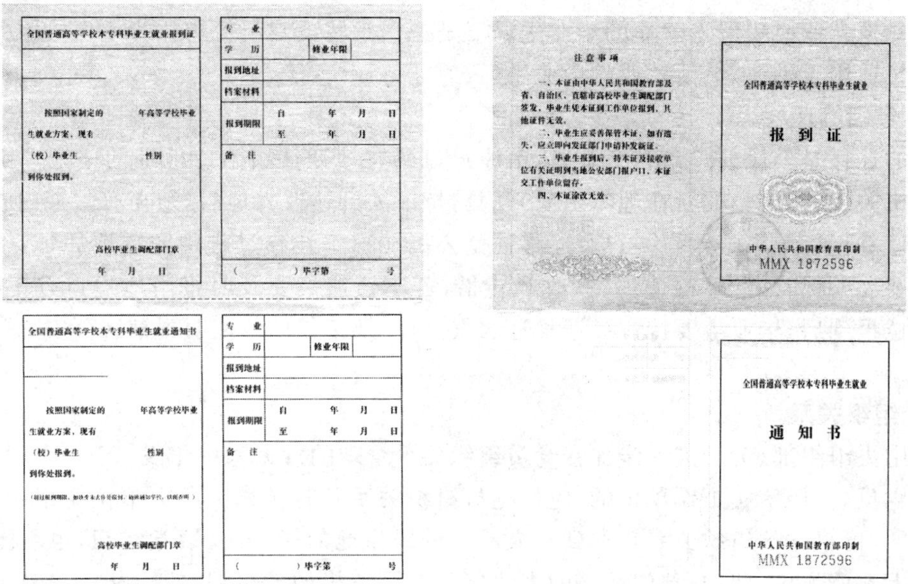

图 8-1　报到证

2.《报到证》的作用

(1) 是毕业生到单位报到的证明,用人单位凭《报到证》为毕业生办理手续。

(2) 当地公安机关凭《报到证》为毕业生办理落户手续。

(3) 学校相应部门依据《报到证》为毕业生办理档案投递、组织关系和户籍迁移等手续;

(4)《报到证》是毕业生参加工作的初始记载和凭证,上面的日期是计算工龄的开始年限,与养老保险缴纳年数等有关;

(5)《报到证》是毕业生就业的证明,姓名必须与身份证一致;

(6)《报到证》是毕业生报考公务员的必备资料。

(二)档案的重要性和毕业后的去向

毕业生在学校期间思想表现、学习成绩、综合评价等形成的记录就是学籍档案。学籍档案存在于学校的学籍管理部门,作为学校和各级教育行政部门查询、检查、审核毕业资料的依据。学校档案是人事档案的一部分。高校毕业生毕业后其学籍档案转入工作单位或地方人力资源部门后即成为人事档案。每个人的档案都与自己今后升学、就业、转正、提职、出国、退休等有着极大的关系,故要关注自己档案的去向。

档案的去向主要分两种情况,已就业的毕业生档案去向和未就业的毕业生档案去向。

1. 已就业的毕业生 档案去向一是用人单位有人事管理权,则直接转到有人事管理权的单位。二是毕业生在没有弄清楚用人单位是否有人事管理权之前,暂缓转档案或把档案转递到单位所在地的人才服务机构,以免档案遗失。三是单位不具备档案管理权,如非公企业,要通过单位所在地的人才服务机构来接受毕业生档案,需缴纳一定的人事代理费。

2. 未就业的毕业生 档案一是转至生源地,由所在地的人才服务机构进行人事代理。比较适用于准备在生源地就业的毕业生。二是把档案留在学校,一般留在学校的期限是两年。两年后仍未落实工作单位的,学校将把其档案和户口迁回生源地,学校不再为其发放就业《报到证》,适用于有异地就业愿望但未就业的毕业生。三是把档案转至专门机构托管或人才服务机构进行人事代理。适用于创业、灵活就业的毕业生。

(三)户口的迁移

户口的迁移是公民的户口有变动时,由原户口所在地迁往新落户地址的凭证。由户口迁出地的公安机关(高校由学校所在地派出所)开具,持证人到达迁入地后,须在有限期内将户口迁移证交给户口登记机关申报入户。户口迁移证是公民在户口迁移过程中的重要凭证,毕业生在户口迁出后要妥善保管好,不得遗失、涂改和转借,若不慎遗失要及时报当地户口登记机关处理。到工作单位报到后,毕业生要持户口迁移证、《报到证》及工作单位证明到辖区公安部门办理迁移手续。

(四)组织关系

根据中央组织部《关于进一步加强党员组织关系管理的意见》(中组发[2004]10号)规定,高校毕业生党员,已经落实工作单位的,应将党员组织关系及时转移到所去单位党组织;尚未落实工作单位的,可将党员组织关系转移到本人或父母居住地的街道、乡镇党组织,也可随同档案转移到县以上政府人事(劳动)部门所属的人才(劳动)服务机构党组织;按国家有关规定选择将户口两年内继续保留在原就读学校的,也可将党员组织关系保留在原就读学校的党组织,原就读学校党组织要承担对其教育管理的责任,党员本人要主动与原就读学校党组织保持联系,按规定交纳党费。凡是毕业生是正式和预备党员的，在毕业生离校前应办理转移党组织关系。需要特别注意的是党章规定：党员没有正当理由，连续六个月不参加党的组织生活，或不缴纳党费，或不做党所分配的工作，就被认为是自行脱党。

按照团章的规定，团员由一个基层组织转移到另一基层组织，必须及时转移组织关系。毕业生办理离校团组织关系转出手续时必须带上《团员证》，而团组织关系一般而言随同学籍档案转出。

第三节　高职高专就业政策

大学生的就业政策是国家制定的高层次人力资源配置的基本准则，是规范、调控、指导大学生就业活动的基本依据。从历史发展研究来看，大学生就业政策经历了计划经济体制下的“统包统分”、教育体制改革下的“双向选择”、进一步深化市场经济体制改革下的“自主择业”3 个阶段。

因此，了解就业政策，合理利用就业政策，使广大学生清楚地了解自己应该做什么和怎么做，提前做好各方面准备显得更为重要，对于大学生科学规划学业，提高就业的成功率，具有重要意义。据统计，2013 年中国高校毕业生已经达到 699 万，被称为“史上最难就业年”。

一、国家近五年现行主要就业政策盘点

一个理想的就业过程需要政府、企业、就业市场、社会组织、高校和大学毕业生等各方面的相互配合和共同协作。这些关系主体在就业过程中分别担任不同的角色和发挥作用，以各种方式影响着大学生就业。其中，作为国家的权威主体—政府无疑承担了最为重要的角色和职责。一直以来，党和国家高度重视大学生就业工作，相继出台了一系列有利于促进大学生就业的政策和法规，为毕业生顺利就业创造了较好的条件，提供了强有力的政策支持。

(一) 2009 年国家大学生主要就业政策

(1) 鼓励高校毕业生到基层、到中西部地区就业。

(2) 鼓励高校毕业生应征入伍服义务兵役。

(3) 积极聘用优秀高校毕业生参与国家和地方重大科研项目。

(4) 鼓励和支持高校毕业生到中小企业就业和自主创业。

(5) 强化对困难家庭高校毕业生的就业援助。

(二) 2010 年国家大学生主要就业政策

(1) 进一步实施农村义务教育阶段学校教师特设岗位计划。

(2) 继续做好高校毕业生入伍服义务兵役的征集工作。

(3) 积极推动在全国范围实现服务外包企业吸纳 20 万名高校毕业生的目标任务。

(4) 进一步扩大科研项目吸纳毕业生的规模。

(5) 积极探索实施大学生社区就业计划、农村基层卫生人才服务计划。

(6) 大力促进高校毕业生到中小企业和非公有制企业就业。

(7) 大力推进高校毕业生自主创业，鼓励出台大学生创业的新政策。

(8) 全面提升毕业生就业指导服务水平。

（三）2011 年国家大学生主要就业政策

（1）鼓励高校毕业生到基层和艰苦地区工作。

（2）党政机关录用公务员和国有企事业单位新增专业技术人员和管理人员，应主要面向高校毕业生。

（3）鼓励各类企事业单位特别是中小企业和民营企事业单位聘用高校毕业生。

（4）鼓励高校毕业生自主创业和灵活就业。

（5）为高校毕业生办理户口和人事档案手续提供便利。

（6）毕业半年以上未能就业可办理失业登记。

（7）鼓励中小企业和民营企事业单位聘用高校毕业生。

（四）2012 年国家大学生主要就业政策

（1）鼓励高校毕业生到城乡基层、中西部等地区就业。

（2）鼓励支持高校毕业生到中小企业就业和自主创业。

（3）鼓励高校毕业生应征入伍服义务兵役。

（4）强化对困难家庭高校毕业生的就业援助。

（五）2013 年国家大学生主要就业政策

（1）鼓励高校毕业生到城乡基层、中西部等地区就业。

（2）鼓励支持高校毕业生到中小企业就业和自主创业。

（3）鼓励高校毕业生应征入伍服义务兵役。

（4）营造公平就业环境，大力促进就业公平。

（5）强化对困难家庭高校毕业生的就业援助。

二、高职高专现行相关就业政策解读

在国家现行的大学生就业政策中，主要针对大学本、专科生毕业生，经遴选后，针对高职高专层次的就业及要点归纳如下：

（一）各类升学考试规定

（1）研究生考试相关规定。

（2）专升本考试相关规定。

详见第三章相关内容。

（二）公务员招考相关规定

报考公务员必须具备一定的资格条件，即国家和主考机关规定的成为某职位的公务员不可缺少的基本条件。报考特殊职位的考生还应具备该职位要求的特殊条件。

（三）事业单位相关招考规定

不同的事业单位，要求也不同，具体要看事业单位的招考简章。

（四）高校毕业生服务基层项目

自 2012 年起，省级以上机关录用公务员，除部分特殊职位外，均应从具有 2 年以上基层工作经历的人员中录用。

目前我省实施的基层就业项目主要有“大学生志愿服务西部计划”、云南省地方项目、“农村义务教育阶段学校教师特设岗位计划”、“支教、支农、支医和扶贫工作”及“选聘高校毕业生到村任职工作”。其中，针对医学专科层次就业政策主要有“大学生志愿服务西部计划”、“三支一扶”（支教、支农、支医和扶贫内容详见第三章第四节）和免费医学生培养计划政策（该政策正在完善中）共3项，我省实施的基层就业项目享受工作生活补贴、学费补偿或国家助学贷款代偿、公务员招录、事业单位招聘、考学升学等优惠政策。

（五）高校毕业生应征入伍

（1）由政府补偿学费或代偿国家助学贷款。从2009年起，国家对应征入伍服义务兵役的高校应届毕业生在校期间缴纳的学费实行补偿。在校期间获得国家助学贷款的，学费补偿款首先用于偿还助学贷款本金及其全部偿还之前产生的利息。

学费补偿和助学贷款代偿的标准是：国家对服义务兵役的高校毕业生每学年补偿学费或代偿国家助学贷款本息的金额，最高为6 000元；毕业生在校期间每学年实际缴纳的学费或获得的国家助学贷款本息高于6 000元的，按照每年6 000元的金额实行补偿或者代偿；高校毕业生在校学习期间每年实际缴纳的学费或获得的国家助学贷款本息低于6 000元的，按照学费和国家助学贷款本息两者就高的原则，实行补偿或代偿。

（2）符合条件的，可以选为士官、提干、报考或保送入军校。

（3）应征入伍的高校毕业生退役后报考政法干警招录培养体制改革试点招生时，教育考试笔试成绩总分加10分。

（4）普通高校应届毕业生应征入伍服义务兵役退役后三年内参加全国硕士研究生招生考试，初试总分加10分，立二等功及以上的免试（指初试）攻读硕士研究生。

（5）具有高职（专科）学历的，退役后免试入读成人本科，或经过一定考核入读普通本科，荣立三等功以上奖励的，在完成高职（专科）学业后，免试入读普通本科。

（6）其家庭按规定享受军属优待，本人退役后享有退役军人优抚安置政策。

（六）云南省高校毕业生自主创业与“贷、免、附、补”政策

鼓励创业“贷免扶补”是指从2009年起，我省各级人民政府和有关单位为首次创业人员在我省自主创业提供贷款支持、税费减免、创业服务、资金补助等方面的扶持措施。国家和我省现行的有关小额担保贷款政策继续按照有关办法执行。

1. 贷　是指对在我省创办企业或从事个体经营的高校毕业生（含大学生“村官”、在校高年级大学生）、农民工、复转军人、留学回国人员等已进行工商注册的首次创业人员，每人提供不超过5万元的创业小额贷款。

2. 免　是指对创业人员按照有关规定免相关行政事业性收费，减免相关税收，申请创业小额贷款免担保、免利息，具体是：

（1）对首次创业人员，3年内免收管理类、登记类和证照类等有关行政事业性收费。

（2）减免相关税收。从2009年1月起，从事个体经营的工商业户，营业税起征点从1 200元/月提高到3 000元/月；大学毕业生、农民工创业从事个体经营，月营业额在5 000元（不含5 000元）以内的，2年内免征营业税、城市维护建设税、地方教育附加和个人所得税。

（3）创业者申请创业小额贷款实行免担保。

（4）对创业小额贷款免收利息。

3. 扶

（1）咨询培训帮扶：为创业人员提供创业扶持政策、法律等方面的咨询，提供有针对性的创业培训服务。

(2) 创业项目评审:对创业人员的创业项目由具体承办单位进行评审;对需要申请创业小额贷款的项目,向农村信用社推荐,由农村信用社进行贷款审核。

(3) 创业导师帮扶:对实现创业的人员,具体承办单位为其介绍创业导师,通过自愿交流、双向选择的方式,创业导师提供"一对一"的创业指导,对创业人员提供成本核算、创业定位、企业发展等方面的咨询服务。

(4) 跟踪服务帮扶:具体承办单位对创业人员给予跟踪指导,积极协助解决创业过程中遇到的困难和问题。

4. 补 是指对首次创业人员创业并稳定 1 年以上的,招用具有我省户籍一定数量的劳动者就业并签订劳动合同的,给予 1 000 元至 3 000 元创业补贴。

(七) 鼓励和支持高校毕业生到中小企业灵活就业和自主创业政策

(1) 对企业招用非本地户籍的普通高校专科以上毕业生,各地城市应取消落户限制(直辖市按有关规定执行)。

(2) 为到中小企业就业的高校毕业生提供档案管理、人事代理、社会保险办理和接续等方面的服务。

(3) 登记失业并自主创业的,如自筹资金不足,可申请 5 万元小额担保贷款;对合伙经营和组织起来就业的,可按规定适当提高贷款额度。

(4) 参加创业培训的,按规定给予职业培训补贴。

(5) 灵活就业并符合规定的,可享受社会保险补贴政策。

(八) 困难家庭高校毕业生的就业援助政策

(1) 从 2013 年起,对享受城乡居民最低生活保障家庭的毕业年度内高校毕业生,给予一次性求职补贴。

(2) 对就业困难和零就业家庭的高校毕业生,按相应规定可享受"一对一"职业指导和重点帮扶、公益性岗位安置、社会保险补贴、公益性岗位补贴等就业援助政策。

(3) 各级机关考录公务员、事业单位招聘工作人员时,免收困难家庭高校毕业生报名费和体检费。

(九) 高校毕业生申领《高校毕业生自主创业证》和创业税收优惠政策

(1) 各地区要对自主创业高校毕业生进一步放宽准入条件,降低注册门槛,创业地应按规定给予小额担保贷款及贴息、税费减免等政策扶持。从事微利项目的,可享受不超过 10 万元贷款额度的财政贴息扶持。

(2) 对高校毕业生在整个毕业学年(即从毕业前一年 7 月 1 日起的 12 个月)内参加创业培训的,根据其获得创业培训合格证书或就业、创业情况,按规定给予培训补贴。

(3) 毕业年度内从事个体经营的,3 年内按每户每年 8 000 元为限额享受有关税收优惠;毕业 2 年以内从事个体经营的,自在工商部门首次注册登记之日起 3 年内,可免交有关行政事业性收费。

(十) 实施"离校未就业高校毕业生就业促进计划"

对离校后未就业回到原籍的高校毕业生,由各地公共就业服务机构免费提供就业服务并组织就业见习和职业技能培训。

允许高校毕业生在求职地(直辖市除外)进行求职登记和失业登记,申领《就业失业登记证》,

纳入本地免费公共就业服务和就业扶持政策范围。

高校毕业生就业率统计方法

我部高校毕业生就业率统计办法是经多方专家系统研究、广泛征求意见形成的。2004年,教育部委托上海交通大学牵头,组织60多家高校、科研机构、用人单位和地方人事部门共100多位专家开展了高校毕业生就业率研究,在借鉴国际通行做法的基础上,结合我国宏观就业统计口径,制定了现行的毕业生就业率统计办法,就业形式包括以下7种:签订就业协议书、签订劳动合同就业、灵活就业(自主创业、艺术类自由职业)、定向委培、升学、出国(境)和参加国家地方项目就业。我国大学生就业率的统计分初次就业率(毕业当年8月31日前)和年终就业率2次(毕业当年12月31日前)统计。

思考题

1. 就业协议书有什么作用?
2. 订立劳动合同须注意哪些问题?
3. 根据现行高职高专毕业生就业政策,你对就业有什么打算?
4. 作为在校高职高专学生,如何摆正心态迎接就业挑战?

第九章 医学生创业教育与探索

章首语

创业，是国家的需要，是时代的呼唤，也是每个有志于创业的年轻人的梦想。新时代感召下，自主创业成为一种潮流，人们日益渴望通过创业实现自身价值。大学生创业是指大学生创建并拥有创业型企业，且以企业为职业的过程，大学生一般在学校期间通过学习和实践积累经验，到毕业时开始具体实践并得以逐步发展。大学生创业符合当前素质教育的大方向，创业的过程实际上就是全面提高自我和培养自己面对社会、面对挫折困难、面对商业操作的综合素质与能力的过程。

学习目标

1. 了解大学生创业具备的基本素质。
2. 学习掌握大学生创业所需要的基本条件。
3. 了解大学生创业的优惠政策和相关法律法规。

第一节 创业素质

典型案例

某校中医专业毕业的小刘，毕业后盲目创业，学着别人开淘宝店、开服装店、开饰品店，几经波折，没有一件事做成功。正当小刘灰心丧气时，恰好本市大学生创业园组织青年创业培训。经过学习，小刘发现自己最大的长处还是所学的专业。在这之后，小刘开了一家中医保健按摩店，他感到一下子有了广阔的空间。

创业并不是一件容易的事，除了付出艰辛和努力外，还需要对自己的优势和不足有一个正确的评价，只有这样，才能走向成功。小刘的专业是中医，中医技能是他的专长，在认识到自己的长处后，小刘及时调整方向，最终获得了成功。

创业是极具挑战性的社会活动，是对创业者自身智慧、能力、气魄、胆识的全方位考验。大学生要想获得创业者的成功，必须具备基本的创业素质。创业基本素质包括创业意识、创业精神和创业能力。

一、创业意识

对于许多创业成功的人来说，决定创业往往来源于一个偶然的事件，有时只是一念之间的想法。对于医学高职高专学生来讲，走向创业的第一步就是意识的转变。创业意识是指人们从事创业活动的强大内驱动力，是创业活动中启动力作用的个性因素，是创业者素质系统中的第一个子系统即驱动系统。

(一) 伟大的创业理想成就创业的源动力

面对当前就业压力越来越大的现实，大学生选择自主创业的意识越来越强。每个人的创业理想也不尽相同。创业理想指创业者对从事创业实践活动的未来奋斗目标较为稳定、持续的向往和追求的心理品质。创业理想是创业意识的核心。高职高专医学生的创业理想主要由以下几种：一是源于偶像崇拜，比尔·盖茨、马云等人的创业故事激励一代代大学生，成为自主创业的典范。二是源于就业压力，创业本身是一种就业，尤其在高校扩招后医学专科毕业生就业压力大的背景下，创业也是一种选择。三是源于价值实现，自我意识很强的专科生选择自主创业，就是为了证明自己的能力和价值，得到社会的认可。四是源于自我认知，为别人打工不如自己当老板的心态以及享受更多自由的考虑，也都成为医学专科毕业生创业理想的源泉。

(二) 即时更新知识、不断进取提升的意识

高职高专医学生的创业，光有一股狂热激情不够，还要有不断学习新知识、新经验、新技能，提高自身水平的强烈意识。为了实现自己的梦想、追求自己热爱的事业，就必须勇于突破专业、职业、年龄、性别、环境等诸多条件的限制，以强烈的好奇心和求知欲，对凡是有益于自己事业的东西，都如饥似渴地学习：不懂技术学技术、不懂管理学管理、不懂营销学营销，不懂财务学财务……不断地完善自己，永无止境。学习意识是高职高专医学生创业的基础，是创业的第一需要。只有一如既往的学习，才能不断超越自己，勇往直前。

(三) 勇于突破陈规、敢于创新创造的意识

任何一项创业，都是一种探索，一种冒险，绝对没有一劳永逸的成功秘籍，也没有能够提前画好的图纸，一切都要因时、因地、因人、因事而异。离开创新和创造，创业就是一句空话。纵观每一个成功的创业者，他们的经历、行业和环境都不相同，每个人的方法和经历也千差万别，但相同之处是创业者的不断突破和创新。当今世界瞬间万变，守旧，意味着落后，创新，才能充满生机。时代在发展，社会在前进，实践在变化，高职高专医学生的思想观念更要由浅入深，逐步升华。唯有不停地创新创造，才能在异常激烈的竞争中站稳脚跟，脱颖而出。

(四) 保持平和心态、善于调节情绪的意识

高职高专医学生的创业过程要更加艰苦，承受的心理压力外人无法想象。创业过程中面对的机遇、风险、竞争、诱惑等，都在考验着每一个有志于创业的大学生的心理素质。成功的创业者，不论在何种状态下，都必须始终保持一种清醒和理智，用平和的心态看待成败得失、功过褒贬。遇到挫折或失落时，还要善于自我调节。“小不忍则乱大谋”，千万不要因为一时的不顺利就备受打击，情绪低落，灰心丧气。努力做到“力所能及之事全力以赴，力所不及之事泰然处之”。唯有如此，方能处变不慌、宠辱不惊，排除外在的干扰或诱惑，向既定的方向和目标奋进。

(五) 敢于承担责任、直面风险挑战的意识

创业者作为团队的领导人，要对团队最终的结果负全部责任。任何逃避和推脱都是无效的。特别是当团队遇到重大决策或危急关头时，必须出头拍板作决定，出面承担责任与后果。唯有如此，创业者才能成为团队中的中流砥柱，才能赢得员工的尊重与信赖，团队才能更有持续发展力。任何一个创业者在其创业的征途上都会遇到这样或那样的困难，关键是怎样克服困难达到预期的成功。如果创业者能够面对挑战，直面风险，知难而进，就有可能把握事业的最佳时机，进而可能创造伟大的奇迹。

(六) 善于改变员工、有效影响他人的意识

创业时期的团队,人力资源组建极其重要。成功的创业者身上都具备对内点石成金的功夫、对外借力整合的能力,具有强烈的影响和改变他人的意愿和意识。高职高专医学毕业生在校学习时间较短,专业学习任务重,每一个有志于创业的学生都应该在校期间努力涉猎管理、心理学等知识,提高自身影响力。创业过程中通过对内部员工授业解惑、转变观念、校正行为等提高员工素质、培养团队精神;对外部相关联的组织和个人最大限度地改善外部环境,争取一切力量支持自己的事业。

二、创业精神

创业精神既是创业的动力源泉,也是成功创业的前提。高职高专医学生创业之路不可能一帆风顺,需要极为顽强的创业精神,创业精神指在创业者的主观世界中,那些具有开创性的思想、观念、意志和品质等。高职高专医学生创业精神主要包括:自信、勤奋、无畏和意志。

(一) 自信

自信就是对自己充满信心,自信心能赋予人主动积极的人生态度和进取精神。自信是生命的力量,是创立事业之本,自信是创业的动力支持。成功的创业者一定非常自信,相信自己的判断,坚信所做的决策,对创业目标锲而不舍,顽强拼搏,直到成功,并且能够将这种自信传递给身边的人,自信精神在高职高专医学生创业初期面对各种困难和挑战时尤为重要。

(二) 勤奋

吃苦耐劳、勤奋忘我是大多数创业者的一大竞争优势,也是高职高专医学生创业者长远发展的重要保障。李嘉诚从当茶馆跑堂开始,王永庆 16 岁卖米为生,霍英东 20 岁就有了南沙群岛冒险采海草的经历。这些成功创业者的杰出代表,都是用辛劳的汗水奠定了自己的基业。他们艰苦奋斗的经历,早已演绎为一种人生观和价值观,传给了家族成员和企业员工,成为企业奋进的动力。高职高专医学生创业更是一个艰辛的过程,没有吃苦的准备,肯定是坚持不下去的。

(三) 无畏

敢于冒险是所有创业者的共同特征,但成功的创业者绝不是野蛮而盲目的冒险。创业者要清晰地辨别无畏与无知,要实现自己的理想和奋斗目标,需要无畏的胆量和魄力。当然无畏精神不是与生俱来的,重要的是应该去培养高职高专医学生创业者这样一种精神。敢于承担风险,勇于不断尝试新的东西,这样才有可能创造好的事业。

(四) 意志

意志的本质在于意识的积极调节,在创业过程中,困难、挫折甚至失败是在所难免的。能否从挫折和失败中重新站起来,是创业者能否取得事业成功的一个重要因素。意志是人不可缺少的一种心理素质,也是人们一切行动不可缺少的推动力量。一个人具有坚强的意志,就能调节自己的行动和精神状态,克服困难,战胜挫折,取得事业的成功,反之则一事无成。

三、创业能力

创业能力是一种特殊的能力,这种特殊能力往往影响创业活动的效率和创业的成功。创业能力主要包括决策能力、经营管理能力、专业技术能力、交往协调能力与创新能力。

(一) 决策能力

决策能力是创业者根据主客观条件，因地制宜正确地确定创业的发展方向、目标、战略以及具体选择实施方案的能力。决策能力是创业者能力的首要体现，通常包括分析能力和判断能力。高职高专医学生创业首先要培养良好的分析能力，能够从现实众多的创业目标中进行比较选择，选择符合社会发展和自己特长的方向，分析原因，寻找办法。判断能力，就是能够从客观事物的发展变化中找出因果关系，从中有效把握事物的发展方向。分析是判断的前提，判断是分析的目的，良好的分析能力和判断能力是成功的创业者敏捷的思维能力的体现，同时也是反映创业者在危急关键时刻能够快速、果断、准确地把握事物的本质作出正确决策的基础。

(二) 经营管理能力

经营管理能力是指对人员、资金、项目的管理能力。它涉及人员的选择、使用、组合和优化；涉及资金聚集、核算、分配、使用、流动；也涉及具体事业的策划、组织和协调。经营管理能力是一种较高层次的综合能力，是运筹性能力。大学生创业者经营管理能力的形成要从学会管理、学会用人、学会理财、诚实守信等四个方面去努力。

1. 学会管理 创业者确定了创业目标，就要组织实施，为了在激烈的市场竞争中取得优势，必须善于经营管理。市场经济要始终坚持质量第一的原则，既包括有形的物质产品，也包括无形的服务业，成功的创业者始终将质量放在第一位。在管理的过程中要始终坚持效益最佳原则，当今的市场经济追求的是效益最佳化，效益最佳是创业的终极目标。学会管理还要敢于负责，对本企业、员工、消费者以及对整个社会都抱有高度的责任感。

2. 学会用人 在市场经济条件下，企业之间的竞争往往是人才素质的竞争。一个企业没有优秀的管理人才、技术人才，这个企业就不会有好的经济效益和社会效益，创业就难以成功。企业管理者怎样选好人、用好人，最大限度地调动人的积极性、创造性和主观能动性，使企业的骨干力量形成一个团结合作、奋发向上的优秀团队，这是一个企业是否能够在市场经济中占有一席之地的关键。

3. 学会理财 大学生创业过程中在关注主要项目的创收时，还要注意培养理财能力，学会开源节流，注意广辟资金来源的同时，节省不必要的开支、树立节约的思想。大凡有所成就的创业者都是从苦难中经历过来的，都经历过积少成多、勤俭节约的历程。大学生创业者内心时刻保留自己的一把算盘，每做一件事、每用一笔钱，都要估量一下是否有利于事业的发展，有没有效益，这样才能更好发展。

4. 诚实守信 诚信是社会最普遍也是最基本的伦理价值需要。当今社会，随着交换关系的日趋复杂，市场主体对诚信的需求也日趋强烈。市场经济本身就是信用经济，诚信是市场经济的灵魂。作为大学生创业者，能否获得市场认可，视其经营信誉如何。有着较高文化素质的大学生在创业过程中，只有树立起诚实守信的道德品质，才能适应市场经济的要求，并实现自己的创业梦想。

(三) 专业技术能力

专业技术能力是创业者与开展创业密切相关的主要岗位或岗位群所要求的能力，它包括创业的专业技术知识与专业方法能力。高职高专医学生在创业过程中，应该从自己熟悉的行业中选择项目。当然，也可借助他人，特别是团队成员的知识技能来进行创业，但在创业开始时，如果能从自己熟知的领域入手，就能避免许多“外行领导内行”的尴尬，大大提高创业的成功率。专业技术能力的形成具有很强的实践性，许多专业知识和专业技巧要在实践中摸索，逐步提高发展、完善。高职高专医学生创业者要重视创业过程中知识积累的专业技术方面的经验和职业技能的训练，在创业探索的过程中进行总结，逐步形成自己的经验特色，不断提高创业的专业技术能力。

（四）交往协调能力

交往协调能力是指创业者具有能够有效处理创业过程中相关联的各种关系，以及能够有效协调下属员工之间关系的能力。大学生创业过程中总会与政府部门、合作组织、客户群体发生交往，成功的创业者应该做到妥当地处理各种社会关系，尤其要争取相关政府部门的支持与理解，同时要善于团结一切可以团结的力量，求同存异，协调发展。只有搞好内外关系，处理好人际交往，才能建立一个有利于自己创业的和谐环境，为成功创业打好基础。交往协调能力并不是天生的，也不会在学校里就形成了，而是大学生有意识主动学习知识和实践，逐步积累社会经验形成的。

（五）创新能力

创新是知识经济的主旋律，是市场经济中取得竞争优势的有效途径。创新能力是大学生自主创业不可或缺的部分，它包括两个方面的内容：一是创新型思维，即创业者形成的创造性、突破性思维，它不是机械地按照过去的经验或书本上的准则去思考问题，而是根据变化了的情况和面临的新问题，在激烈的创业竞争中，突破固定的逻辑思维，以独具匠心的思维方式寻找具有新颖性和实用性的问题求解方案。二是创造性实践，即创业者在创业过程中有效创业实践的具体工作能力，它不是纸上谈兵，而是能够坚定、执着、积极地应对创业遇到的各种问题，以自强不息的意志追寻创业梦想的实现。

上述5个方面的创业能力中，每一项均有其独特的地位与功能，任何一个要素都会影响其他要素的形成和发展，影响其他要素的功能和作用的发挥，乃至影响创业的成功。因此，高职高专医学生创业者，不仅要注意在环境和教育的双重影响下培养自己的创业能力，而且要重视其整体结构的优化，在创业实践中不断提高自我的创业能力。

第二节　创业基本条件

典型案例

小王性格开朗，待人热情，头脑灵活，善于社交，有一定的管理能力。他一入学就有创业的念头，在校期间他努力学好自己的眼视光专业，同时又结识了几位创业的爱好者。考虑到眼镜已成为众多学生学习生活的一部分，小王就瞄准了一个创业的机会——开一家眼镜店。但是，自己积蓄的钱又不够。经过仔细分析和市场调研后，在一个交通便利又临近学校的地段，小王和几个朋友一起开了一家规模适中、专门面向学生群体的眼镜店。由于服务周到、技术专业、物美价廉，一年后，小王不仅收回了本钱，自己又开了一家分店。

小王的成功归功于他对自己有清醒的认识，对市场需求有充分的了解，同时借助于和朋友合作，既解决了资金问题，又壮大了个人的实力，将自己的优势，有效地与外部条件结合起来，成为一个成功的创业者。

创业是一个心理和物质的双重积累和发挥的过程。高职高专医学生创业有机遇也存在风险，在创业的同时要根据自己的特点，认真思考创业应具备的一些基本条件，仔细挖掘创业优势，制定周密可行的创业方案，从而实现自己的创业梦想。

一、创业项目

高职高专医学生创业，选择既有市场需求又符合自己的创业项目，这是创业者必须认真思考的内容。一般来说，高职高专医学生创业者既要客观地分析自身的创业条件，更要冷静地分析创业环境，立足于技术项目，尽量选择技术含量高、自主知识产权明确的项目，并在技术创新的基础上做好产品市场化工作。在选择过程中切忌盲目跟风，还要切记一点，做熟不做生，一定要选择自己最熟悉、最擅长、最有经验、资源最丰富的行业来做。高职高专医学生创业不能心血来潮，而是通过大量的实践验证和考察来确定的，在创业之前仔仔细细地策划创业项目是非常必要的。一般情况下，好的创业项目应具备三点要素：市场竞争力小，可塑性强的行业；市场潜力大，有可开发性，需要长期培养；见效比较快的行业。同时具备以上条件的项目是大学毕业生值得投入的创业项目。

二、家庭条件

家庭是每个创业者早期接受启蒙教育和健康成长的摇篮。每个大学生创业者的家庭条件都各不相同，高职高专医学生中有部分人进入校园前就有创业的家庭背景，有的家庭本身就是在开办诊所或者药店，无论家庭条件好还是家庭条件差一些，对高职高专医学生创业者来说都是可以利用的创业因素。家庭条件相对好一些，使大学生创业者早期便能结识一些有利于将来从事创业活动的关键人物，也有的家庭是继承并在不断从事或扩大家庭传统的创业项目，多年的经营，为创业者提供了大量的经营项目和经营经验，使大学生创业者在创业活动中往往容易成功。家庭条件很一般，有的甚至较差，但这并不能影响高职高专医学生创业者的自信心和创业活动。艰难困苦，玉汝于成，自古至今有许多创业者，他们克服了重重困难，通过自身的艰苦努力而逐步实现了自己的创业理想。

三、创业资金

大学生创业最难就是启动资金的问题了，这也是每个想创业的高职高专医学生最难解决的问题，空手套白狼很显然不适合现在这个社会。所以在筹划创业时，一定要考虑自己的资金如何解决。大学生创业者要学会筹措资金，创业之始先想融资之法。在创业资金方面，一般筹措的管道，除运用自己的积蓄外，便是寻求家庭、亲朋好友的支持，或是再结合几位志同道合者，共同投资创业等。除此之外，现今较好的创业资金来源还可以运用贷款的方式筹措，比如创业贷款、抵押贷款，或将技术评估，以技术入股的方式找投资等。高职高专医学生创业者还要注意培育良好的信用品格，从一开始就要为企业将来向银行贷款做准备，一旦公司发展到扩大生产，需要资金投入更多时，就可以通过银行渠道争取信贷。

四、创业团队

创业与成功从来不是一个人的事情。一个人创业叫个体户，团队创业才叫企业。高职高专医学生创业之初要注意如何组建创业团队，良好的创业团队不仅有助于创业过程的实施，还能够帮助外界认识创业者，有利于吸引创业投资。大学生创业团队中，必须充分注意人员的知识结构，做到充分发挥个人的知识和经验优势。同时，团队成员要有共同的价值观念，团队成员间要有合理的利益分配。市场竞争中，再出色的创业计划也会有可复制性，而团队的整体实力是难以复制的，因此，高职高专医学生创业建立一支优势互补、合作有力的创业团队，成功的几率会更大。

五、知识水平

高职高专医学生创业，首先要认清自己，是否对创业能够正确认识，是否具备相应的知识水平。高职高专医学生创业者要有扎实的专业知识和宽广的综合知识，只有这样才能正确分析形势，把握事物发展全局，提出独到见解和谋略，实现自身创业目标。同时，高职高专医学生创业者还要注意学习相关的商业知识，如商品交换、商品流通等方面的知识；要有一定的管理知识，如人事管理、财务管理、物资管理、生产管理和市场营销管理等方面的知识；要具有相关的法律知识，如工商注册登记、经济合同和税务等法律知识。可见，知识水平对高职高专医学生创业者来说是十分重要的。

第三节　创业政策和法律法规

典型案例

刚从某医专校毕业的小李，现做某品牌服装代理。他有一个大理的老客户，最后一次拿了近一万元钱的货，只手写了一张货款欠条，什么合同也没签就走了，之后再无音信。小李追到大理，要求当地派出所帮助查找这个人，被拒绝，派出所说他出示的手写欠条不能作为法律凭证，还要再拿一个正式的律师函来才行。

专家点评：充分了解国家的有关政策和法规，是对每一个大学生创业者必不可少的要求。有些大学生创业者认为，只要签了合同，就什么保障都有了，对方使什么坏都不怕。其实，这种认识也是错误的。

首先，任何合同内容要合法，只有内容合法的合同，才能在双方发生纠纷时起到保护当事人利益的作用。否则合同内容不规范或不合法，合同条款不严谨，一旦发生纠纷，麻烦会更大。

其次，创业者签合同前要弄清对方有无签合同的合法授权，如果对方连签合同的权利都没有，签出来的合同也等于废纸一张。

最后，合同有固定格式，但没有固定文本可模仿，不管什么合同都是自由缔约的，缔约的内容主要由缔约双方协商决定。所以，签合同前如果一点法律常识都没有，给别人钻空子的可能性就较大。

随着我国社会主义市场经济的发展，越来越多的人将会走上创业之路。市场经济从某种意义上讲就是法制经济，高职高专医学生创业离不开法律的引导、保障和规范。创业者如能了解一些常用法律法规，以法律规范其投资、经营和管理行为，将会大有裨益；反之，则可能会走很多弯路：或者权益得不到保障，或者纠纷不断，或者受到行政处罚甚至被追究刑事责任。本节介绍在大学生创业中常用的一些法律、法规和规章制度名称，供创业者参考。在实际创业中，肯定会遇到更多的法律、法规及规章制度问题。当遇到相关法律法规问题，而高职高专医学生创业者自己一时解决不了时，建议借助专业服务机构来解决。

一、创业优惠政策

党的十八大报告提出："引导劳动者转变就业观念，鼓励多渠道多形式就业，促进创业带动就业。"创业可以增加就业机会，是落实建设新型国家战略的需要。大学生创业既是我们教育体制改革的动力源，也是繁荣社会主义市场经济，加速我国经济发展的动力源，大学生创业对我国经济的发展起着至关重要的作用。

（一）国家近年出台很多鼓励支持高校毕业生自主创业政策

1. 税收优惠 持《就业失业登记证》（注明"自主创业税收政策"或附着《高校毕业生自主创业证》）的高校毕业生在毕业年度内（指毕业所在自然年，即1月1日至12月31日）从事个体经营的，3年内按每户每年8000元为限额依次扣减其当年实际应缴纳的营业税、城市维护建设税、教育费附加和个人所得税。对高校毕业生创办的小型微利企业，按国家规定享受相关税收支持政策。

2. 小额担保贷款和贴息支持 对符合条件的高校毕业生自主创业的，可在创业地按规定申请小额担保贷款；从事微利项目的，可享受不超过10万元贷款额度的财政贴息扶持。对合伙经营和组织起来就业的，可根据实际需要适当提高贷款额度。

3. 免收有关行政事业性收费 毕业2年以内的普通高校毕业生从事个体经营（除国家限制的行业外）的，自其在工商部门首次注册登记之日起3年内，免收管理类、登记类和证照类等有关行政事业性收费。

4. 享受培训补贴 对高校毕业生在毕业年度内参加创业培训的，根据其获得创业培训合格证书或就业、创业情况，按规定给予培训补贴。

5. 免费创业服务 有创业意愿的高校毕业生，可免费获得公共就业和人才服务机构提供的创业指导服务，包括政策咨询、信息服务、项目开发、风险评估、开业指导、融资服务、跟踪扶持等"一条龙"创业服务。各地在充分发挥各类创业孵化基地作用的基础上，因地制宜建设一批大学生创业孵化基地，并给予相关政策扶持。对基地内大学生创业企业要提供培训和指导服务，落实扶持政策，努力提高创业成功率，延长企业存活期。

（二）云南省鼓励创业"贷免扶补"扶持措施

从2009年起，云南省各级人民政府和有关单位为首次创业人员在我省自主创业提供贷款支持、税费减免、创业服务、资金补助等方面的扶持措施。

1. 鼓励创业"贷免扶补"政策中"贷" "贷"是对在我省创办企业或从事个体经营的高校毕业生（含大学生"村官"、在校高年级大学生）、农民工、复转军人、留学回国人员等已进行工商注册的首次创业人员，每人提供不超过5万的创业小额贷款，高校毕业生提高到10万元。

贷款流程：创业人员向具体承办单位提出创业小额贷款申请，经具体承办单位推荐初审后，由创业人员向经办农村信用社提出贷款申请，填写《云南省创业小额贷款申请审批表》，并按要求提交相关贷款资料。具体承办单位会同农村信用社组织对创业人员的诚信度和创业项目的真实性进行考察，对创业计划，创业项目的市场风险、技术风险、管理风险、财务风险等方面进行评估，提出项目实施和贷款审核意见，经县级就业经办机构和财政部门进行担保和贴息审查。农村信用社与创业人员签订借款合同后在3个工作日内发放贷款。

2. 鼓励创业“贷免扶补”政策中“免” “免”是对创业人员按照有关规定免相关行政事业性收费，减免相关税收，申请创业小额贷款免担保、免利息，具体是：

(1) 对首次创业人员：3年内免收管理类、登记类和证照类等有关行政事业性收费。

(2) 减免相关税收：从2009年1月起，从事个体经营的工商业户，营业税起征点从1200元/月提高到3000元/月；大学毕业生、农民工创业从事个体经营，月营业额在5000元(不含5000元)以内的，2年内免征营业税、城市维护建设税、地方教育附加和个人所得税。

(3) 创业者申请创业小额贷款实行免担保。

(4) 对创业小额贷款免收利息。

3. 鼓励创业“贷免扶补”政策中“扶”

(1) 咨询培训帮扶：为创业人员提供创业扶持政策、法律等方面的咨询，提供有针对性的创业培训服务。

(2) 创业项目评审：对创业人员的创业项目由具体承办单位进行评审；对需要申请创业小额贷款的项目，向农村信用社推荐，由农村信用社进行贷款审核。

(3) 创业导师帮扶：对实现创业的人员，具体承办单位为其介绍创业导师，通过自愿交流、双向选择的方式，创业导师提供“一对一”的创业指导，对创业人员提供成本核算、创业定位、企业发展等方面的咨询服务。

(4) 跟踪服务帮扶：具体承办单位对创业人员给予跟踪指导，积极协助解决创业过程中遇到的困难和问题。

4. 鼓励创业“贷免扶补”政策中“补” “补”是指对首次创业人员创业并稳定1年以上的，招用具有我省户籍一定数量的劳动者就业并签订劳动合同的，给予1000元至3000元创业补贴。

5. 可以享受鼓励创业“贷免扶补”政策的创业人员 享受鼓励创业“贷免扶补”政策的创业人员是指有创业能力的高校毕业生(含大学生“村官”、在校高年级大学生)、农民工、复转军人、留学回国人员等自主创业人员，到我省创业人员不受区域、户口限制。

6. 鼓励创业“贷免扶补”的承办单位 云南省鼓励创业“贷免扶补”承办单位为：各级就业经办机构、工商联、工会、共青团、妇联、教育、个私协会。承办单位严格按照全省统一的政策执行，立足各自职能，发挥各自优势，分头推进各领域的创业带动就业工作。

7. 申请享受鼓励创业“贷免扶补”政策 2009年1月1日后在我省创办企业或从事个体经营并经过工商登记注册的创业人员即可申请享受鼓励创业“贷免扶补”政策。创业人员凭身份证和创业计划书，向县级(含)以上的具体承办单位提出书面申请。申请创业的人员可根据自身情况选择具体承办单位。

二、创业常用法律法规

在市场经济条件下，任何企业的任何经济行为无疑都存在着各种各样的风险，对于即将走入社会的高职高专医学生来讲，进行创业活动所面临的风险，则更容易发生。高职高专医学生要想实现顺利创业，了解并掌握相关的法律法规必不可少，常用创业法律法规包括：基本法、公司企业法、劳动法、知识产权法、公司企业税法等。

首先，要了解我国的基本法律环境。我国尚处于社会主义市场经济的初级阶段，在许多领域仍有很多计划经济的痕迹，政府对经济的干预和管制还比较多，许多经营项目需经审批，行政检查比较多，税外费用也时有发生。随着市场化程度、政府经济管理水平和企业自律能力的提高，上述问题将会逐步得到解决，创业法律环境将会越来越好。

其次，在我国，设立企业从事经营活动，必须到工商行政管理部门办理登记手续，领取营业执照，如果从事特定行业的经营活动，还需事先取得相关主管部门的批准文件。根据《民法通则》、《公司法》、《合伙企业法》、《个人独资企业法》等法律的规定，企业的组织形式可以是股份有限公司、有限责任公司、合伙企业、个人独资企业，其中以有限责任公司最为常见。设立企业还需要了解《企业登记管理条例》、《公司登记管理条例》等工商管理法规、规章，企业发生涉及企业登记事项的变更，须及时办理变更登记，以保护相关当事人的权益。设立特定行业的企业，还有必要了解相关产业政策，了解有关开发区、高科技园区、软件园区（基地）等方面的法规、规章及有关地方规定，这样有助于创业者选择创业地点，以享受税收等优惠政策。

再次，目前我国保护的知识产权只有专利权、商标权和著作权。同时，将发现权列入知识产权的一种，但仅作为一种人身权来保护。然而随着社会的发展，出现了许多新情况。其中较为突出的是商业网站的盈利模式。大学生创业者往往是有模式无资金，从而需要投资的介入。但是要获得投资必须向投资方提交创业计划书，并做出说明和解释。对于技术含量普遍不高的盈利模式而言，很容易被投资方全面掌握。倘若在公证处的业务范围中增加相关内容，使学生创业者在与投资方洽谈合作事宜时邀请公证人员参加，并对学生创业者透露的创业计划和提交的创业计划书做成公证文书。这样，一旦日后发生纠纷，学生创业者就可以公证文书作为有利的证据。

最后，企业设立后，创业者需要了解企业需要缴纳哪些税，还需要了解企业基本财务制度，了解哪些支出可以列入成本，开办费、固定资产怎么摊销等，以合理计划，减轻税负。需要聘用员工的，涉及劳动法和社会保险问题，需要了解劳动合同、试用期、服务期、商业秘密、竞业禁止、工伤、养老金、住房公积金、医疗保险、失业保险等诸多规定（表 9－1）。

表 9－1　创业常用法律法规及优惠政策一览表

1. 关于组织形式

序号	组织形式	法律法规名称
1	个体工商户	《个人工商户条例》
2		《个体工商户登记管理办法》
3	个人独资企业	《个人独资企业法》
4	个人合伙	《民法通则》
5	合伙企业	《合伙企业法》
6		《合伙企业登记管理办法》
7	外商投资合伙企业	《外商投资合伙企业登记管理规定》
8	有限责任公司、股份有限公司	《公司法》
9		《公司登记管理条例》

续表

序号	组织形式	法律法规名称
10	中外合作经营企业	《中外合作经营企业法》
11		《中外合作经营企业法实施细则》
12	中外合资经营企业	《中外合资经营企业法》
13		《中外合资经营企业法实施条例》

2. 关于税收

序号	税种	法律法规名称
1	个人所得税	《个人所得税法》
		《个人所得税法实施条例》
2	企业所得税	《企业所得税法》
		《企业所得税法实施条例》
3	增值税	《增值税暂行条例》
		《增值税暂行条例实施细则》
4	营业税	《营业税暂行条例》
		《营业税暂行条例实施细则》
5	消费税	《消费税暂行条例》
		《消费税暂行条例实施细则》
6	土地增值税	《土地增值税暂行条例》
		《土地增值税暂行条例实施细则》
7	城市维护建设税	《城市维护建设税暂行条例》
8	房产税	《房产税暂行条例》
9	印花税	《印花税暂行条例》
		《印花税暂行条例施行细则》
10	关税	《进出口关税条例》
11	出口退(免)税	《出口货物退(免)税管理办法(试行)》
12	营业税改征增值税	《营业税改征增值税试点方案》
13	税收征收管理	《税收征收管理法》
		《税收征收管理法实施细则》

3. 关于优惠政策

序号	优惠种类	法律法规名称
1	宏观政策	《中小企业促进法》
		《国务院关于进一步促进中小企业发展的若干意见》
		《关于促进以创业带动就业工作的指导意见》
		《国务院关于进一步做好普通高等学校毕业生就业工作的通知》
2	财政、税收优惠	《财政部国家税务总局关于支持和促进就业有关税收政策的通知》
		《财政部国家税务总局关于促进创业投资企业发展有关税收政策的通知》
		《财政部国家税务总局关于支持和促进就业有关税收政策具体实施问题的公告》

4. 关于企业知识产权

序号	种类	法律法规名称
1	著作权	《著作权法》
2	商标	《商标法》
3	专利	《专利法》
4	民事权利	《民法通则》

5. 关于融资

序号	融资种类	法律法规名称
1	银行贷款(包括担保贷款、信用贷款、项目贷款、委托贷款等)	《贷款通则》
2	民间借贷	《合同法》、最高人民法院相关司法解释
3	信托融资	《信托法》
4	融资租赁	《合同法》
5	企业债券	《企业债券管理条例》
6	小额贷款公司贷款	《关于小额贷款公司试点的指导意见》
7	非金融企业债券融资(中小非金融企业集合票据)	《银行间债券市场非金融企业债务融资工具管理办法》
8	中小企业私募债券	《上海证券交易所中小企业私募债券业务试点办法》、《深圳证券交易所中小企业私募债券业务试点办法》
9	股权(股份)融资(包括天使投资、VC、PE融资等)	《公司法》
10	IPO	《首次公开发行股票并上市管理办法》、《国务院关于股份有限公司境外募集股份及上市的特别规定》

第四节　医学生的创业特点和形式

一、医学生需要进行创业教育

(1) 社会鼓励新生人力资源自主创业需要。

(2) 医学社会功能拓展的需要。如今健康概念包括“躯体健康、心理健康、社会适应良好、道德健康”,这使得卫生服务的范围大大拓展,遍及心理服务、预防保健服务、社会服务等各个领域,这就需要医学生敢于开拓、勤于创业。

(3) 创业教育可以培养医学生创新能力。虽然在毕业时医学生自主创业的人数较少,但是由于创新能力对医学生职业成长的重要影响作用,对医学生开展创业教育是不可或缺的。

二、当前大学生的创业特点和形式

1. 参加各类创业大赛　形成较为周密的创业计划,待时机成熟时实施。

2. 智力服务领域的创业　被认为是最合适大学生创业的形式。智力是大学生创业的资本,在智力服务领域创业,大学生游刃有余。例如,家教领域就非常适合大学生创业,一方面,这是大学生勤工俭学的传统渠道,积累了丰富的经验;另一方面,大学生能够充分利用高校教育资源,更容易赚到“第一桶金”。此类智力服务创业项目成本较低,一张桌子、一部电话就可开业。

3. 选择连锁加盟　是大学生创业的快捷形式。对创业资源十分有限的大学生来说,借助连锁加盟的品牌、技术、营销、设备优势,可以较少的投资、较低的门槛实现自主创业。

4. 开小型实体店　是多数大学生实现就业的首选形式。大学生开店,一方面可充分利用高校的学生顾客资源;另一方面,由于熟悉同龄人的消费习惯,可以通过走“学生路线”、价廉物美吸引顾客。

三、医学生的创业特点和形式

1. 自主创业的人数少　从云南省内的医药院校毕业生的年终就业情况统计来看,每届毕业生自主创业的人数只占毕业生总数的1%左右。分析原因:一是医学生的就业情况较好,就业压力较小;二是医学生的专业性较强,行业门槛较高,以专业为背景的自主创业要求较高;三是医学生不愿选择与所学专业关联不大的领域创业。

2. 家族背景下的创业是医学生创业的主要模式　由于家族经营民营医疗机构,使得学生选择相应的专业就读,毕业后加入家庭经营的民营医疗机构,形成直线型就业走向。

3. 利用专业优势的创业模式正在形成　如口腔医学、药学、中药、针灸推拿等专业,由于开办相应的个体企业不用涉及太多的技术人才,如果有一定的启动资金,选择自主创业的机会较大。社会上不少的口腔诊所、药店、中医理疗馆和中药材种植基地,就是由毕业时间不长的医学生自主创业开办的。

4. 先择业再创业的模式正在形成潮流　一些医学生选择在毕业后若干年,待积累了一定资金和社会资源,再召集当年同学,合资开办民营医疗保健机构。

5. 实践性创业成为医学生创业的一种时尚　在全社会都在鼓励大学生创业的影响下,一些医学生利用课余和工余时间开办一些实体小店或网店，作为创业实践体验正在医学生中形成时尚。

思考题

1. 对比创业需要的素质，你认为自己有哪些优势和劣势？
2. 在创业过程中，采取哪些有效途径可得到创业条件的满足？
3. 根据现行高职高专毕业生创业优惠政策，你对创业有什么打算？

附：

李开复给年轻大学生的忠告：大学生创业“五忌”

知名IT人士、创新工场董事长兼首席执行官李开复为急于创业的应届大学毕业生“支招”，建议年轻人在创业过程中避免五种急功近利的误区。

误区一：一毕业就创业

国内很多大学生尚未准备好，就过早出来“主导”创业，这导致大学生创业的失败率很高。李开复表示，先参与创业，再主导创业，这对大学生而言是一个更好的选择。“国内教育更关注专业发展，而忽视对于学生执行力、团队经验、市场研究等方面的培养。”创业能力、创业教育是以上所有因素全方位的整合，而中国教育尚需走一段较长的路。

误区二：创意等于创业

针对国内很多大学生有了自己的创意却不愿意让投资者知道的做法，李开复认为，“点子改变一切”的情况在现实生活中其实很少见。“点子不是最值钱的，如果让投资者在‘创意’和‘创业人’之间选择其一的话，肯定有更多投资者选择后者。创业人身上包含了所谓的非智力因素，包括创业方向、人的性格、创业团队以及执行力等。”

误区三：创业等于上市

“创业的目的不仅是为了上市和赚钱，更不是为了打倒竞争对手。年轻创业者要更有胸怀，打造正面的创业生态系统。”李开复提醒道，上市、赚钱等并非创业的最终目标，大学生创业者的最大理想应该是创造、完善行业产业链，用技术来造福用户。“例如在互联网行业，当网络用户、内容生产商和广告商都能够分享你的技术，并达成收益和经验上的共赢时，才算得上是成功。”

误区四：对市场不够重视

将“创业”直接等同于“科技创业”，又将“科技创业”直接等同于“获得专利”，是目前国内大学生创业者中一种较为多见的想法。在李开复看来，创业成功与否，很大程度上取决于大学生创业者是否“知悉市场”，包括对市场的理解、对用户的深刻洞悉力以及对用户利益的了解和尊重。

误区五：创业等于赢得风投

“风险投资提供的不仅是钱。”李开复表示，据他观察，当第一笔资金拿到手后，便开始排斥投资者的共同参与，把他们的意见当成对自己的干涉。“风投的价值远在金钱之上。除了投钱之外，他们还能为涉世未深的大学生介绍人脉、客户、伙伴，帮助大学生了解市场、管理财务以及吸引下一轮融资等。”正是基于这个原因，好的投资人的标准不仅在于他是否愿意投钱、投多少钱，更在于在投钱之后他能否为创业者提供持续的、有价值的帮助。

创业励志语录

1. 这个世界并不在乎你的自尊，只在乎你做出来的成绩，然后再去强调你的感受。

——比尔·盖茨

2. 我认为做企业要有这些素质，特别在中国市场上，那就是：诗人的想象力、科学家的敏锐、哲学家的头脑、战略家的本领。

——宗庆后

3. 生活是公平的，哪怕吃了很多苦，只要你坚持下去，一定会有收获，即使最后失败了，你也获得了别人不具备的经历。

——马云

4. 想赢两三个回合，赢三年五年，有点智商就行；要想一辈子赢，没有德商绝对不行。

——牛根生

5. 有些人一生没有辉煌，并不是因为他们不能辉煌，而是因为他们的头脑中没有闪过辉煌的念头，或者不知道应该如何辉煌。

——俞敏洪

6. 人的一生总会面临很多机遇，但机遇是有代价的。有没有勇气迈出第一步，往往是人生的分水岭。

——丁磊

7. 心平才能气和，气和才能人顺，人顺才能做事……我觉得要心平，就是把欲望控制在一个自己能够驾驭的领域内。

——冯仑

8. 创业前，很多困难你都不会把它认为是困难，当它突然成为你的困难时，很多人会承受不了压力，就放弃了，这样的人一定不能成功。

——史玉柱

9. 给自己留了后路相当于是劝自己不要全力以赴。

——王石

附　录

Ⅰ. 云南省普通大中专学校毕业生毕业推荐表

编号：

云南省普通大中专学校毕业生就业

推

荐

表

学　　校　　××职业学院

姓　　名　　刘某

专　　业　　护理学

学　　历　　专　科

学　　制　　三　年

培养方式　　统　招

毕业时间　　2013 年 7 月

填表日期　　2013 年 9 月

云南省教育厅　　印制

<table>
<tr><td rowspan="7">毕
业
生
基
本
情
况</td><td>姓　　名</td><td>刘某</td><td>性别</td><td>女</td><td>出生年月</td><td>××年×月</td><td rowspan="4">贴照片</td></tr>
<tr><td>籍　　贯</td><td>云南省
红河州</td><td>民族</td><td>汉</td><td>政治面貌</td><td>预备党员</td></tr>
<tr><td>曾任职务</td><td colspan="3">心理委员</td><td>身体状况</td><td>良好</td></tr>
<tr><td>家庭住址</td><td colspan="3">云南省红河州××县
××乡××村××组××号</td><td>联系电话</td><td>××××××××</td></tr>
<tr><td>双　　亲</td><td>姓　名</td><td colspan="3">工作地区与单位</td><td>联系电话</td><td>备　　注</td></tr>
<tr><td>父　　亲</td><td>刘某</td><td colspan="3">务农</td><td></td><td></td></tr>
<tr><td>母　　亲</td><td>郑某</td><td colspan="3">务农</td><td></td><td></td></tr>
<tr><td colspan="3">所学外语语种及水平</td><td colspan="3">云南省英语 A 级</td><td>第二外语</td><td></td></tr>
<tr><td colspan="3">职业资格证书及其他证书获证情况</td><td colspan="5">云南省计算机一级 C(医学)类证书
营养师证书
普通话二级甲等证书
优秀团员证书;以及优秀毕业生证书</td></tr>
<tr><td colspan="3">毕业生择业志愿</td><td colspan="5">临床护士以及医疗机构护理专业相关职位</td></tr>
<tr><td colspan="3">在校期间曾辅修过何种专业或课程,参加过何种技能培训,有何特长</td><td colspan="5">① 在校期间参加营养师技能培训并考核通过获得营养师证书
② 特长有演讲、主持、唱歌</td></tr>
<tr><td colspan="3">在校期间担任过何种职务,参加过何种社会活动</td><td colspan="5">曾担任两任心理委员
曾参加大学生户外拓展训练,青年志愿者等</td></tr>
<tr><td colspan="3">何时何地因何原因受过何种奖励或处分</td><td colspan="5">获得:① 红河卫生职业学院优秀团员称号
② “我的中国梦,云南青年志在四方”红河学院朗诵比赛二等奖</td></tr>
<tr><td colspan="3">学生政治思想表现及专业业务能力的评定</td><td colspan="5">班主任(签字):　　　年　月　日</td></tr>
</table>

<table>
<tr><td rowspan="13">主要学业成绩</td><td>课程名称</td><td>成绩</td><td>课程名称</td><td>成绩</td><td>课程名称</td><td>成绩</td></tr>
<tr><td>护理学基础</td><td>85</td><td>解剖学</td><td>90</td><td>老年护理学</td><td>83</td></tr>
<tr><td>药理学</td><td>88</td><td>健康评估</td><td>85</td><td>康复护理学</td><td>71</td></tr>
<tr><td>预防医学</td><td>85</td><td>医学心理学</td><td>77</td><td>健康教育学</td><td>81</td></tr>
<tr><td>营养学</td><td>79</td><td>护理伦理学</td><td>80</td><td>人际沟通</td><td>80</td></tr>
<tr><td>护理礼仪</td><td>86</td><td>内科护理学</td><td>78</td><td>体育</td><td>80</td></tr>
<tr><td>护理心理学</td><td>79</td><td>外科护理学</td><td>79</td><td>计算机基础</td><td>72</td></tr>
<tr><td>生理学</td><td>78</td><td>妇产科护理学</td><td>90</td><td>思想道德修养与法律基础</td><td>78</td></tr>
<tr><td>病理学</td><td>76</td><td>儿科护理学</td><td>85</td><td>高等数学</td><td>70</td></tr>
<tr><td>微生物学与免疫学基础</td><td>89</td><td>急重症护理学</td><td>76</td><td>大学英语</td><td>77</td></tr>
<tr><td>生物化学</td><td>90</td><td>护理管理学</td><td>81</td><td>大学语文</td><td>82</td></tr>
<tr><td></td><td></td><td></td><td></td><td></td><td></td></tr>
<tr><td>德智体
综合测评成绩</td><td colspan="5">经办人：　　填写成绩部门（签章）
年　月　日</td></tr>
<tr><td colspan="2">院（系、部）
推荐意见</td><td colspan="5">负责人：　　　　（公章）
年　月　日</td></tr>
<tr><td colspan="2">学　　校
推荐意见</td><td colspan="5">负责人：　　（学校毕业生就业管理部门签章）
年　月　日</td></tr>
<tr><td colspan="2">学校联系人</td><td>赵某（班主任）</td><td>联系电话</td><td>××××××××</td><td>邮政编码</td><td>××××××</td></tr>
<tr><td colspan="2">学校通信地址</td><td colspan="5">云南省××市××路××号××职业学院</td></tr>
</table>

自　荐　书
尊敬的领导： 　　您好！ 　　首先，衷心感谢您在百忙之中浏览我的自荐信，为我开启一扇希望之门。 　　我叫刘某，是红河卫生职业学院护理系 2013 届的应届大专毕业生，借此择业之际，我怀着一颗赤诚的心和对事业的执着追求，真诚向贵院推荐自己。 　　我是个平凡的女孩，但不甘于平庸。我开朗乐观，勤奋好学，积极向上，能够很好地处理人际关系，并且有很强的责任心和使命感。三年的学习深造使我树立了正确的人生观、价值观，养成了我不屈不挠的性格。在校期间我刻苦勤奋，全面、扎实地掌握了基础医学理论知识及专业操作。 　　在校期间获得云南省英语 A 级证书；普通话二级甲等证书；优秀团员证书；以及优秀毕业生证书。在校学习生活中，我积极进取，不断进步的表现赢得了领导老师及同学们的信任。 　　在××人民医院实习期间，我吃苦耐劳，获得带教老师及患者的好评。 　　在众多应聘者中，我不一定是最优秀的，但我仍有自信。我愿用行动来谋求信任。 　　祝贵单位事业蒸蒸日上。 此致 　　敬礼！ 自荐人：刘某 2013 年 9 月 25 日

联系方式	手机：×××××××××××× QQ：××××××××× 电子邮箱：×××××××××@QQ.com

说明：

1. 学校、毕业生必须如实填写表内有关栏目。

2. 毕业生与用人单位“双方选择”签订就业协议时，应向用人单位出示本表。毕业生与用人单位签订就业协议后，本表交用人单位保存。

3. 本表的复印件不能作为录用毕业生和签订就业协议的依据。

编号：

云南省普通大中专学校毕业生就业协议书

毕业生________________

用人单位________________

学校名称________________

云南省教育厅　　印制

协议条款

根据国家就业工作的方针、政策，为明确毕业生（以下简称甲方）、用人单位（以下简称乙方）、培养学校（以下简称丙方）三方在毕业生就业工作中的权利和义务关系，经平等协商，共同达成以下协议条款：

一、甲方有权利按国家有关就业方针、政策的规定就业；有向乙方了解使用意图，表面自己的就业意见的权利。同时，有向乙方如实介绍自己情况和与乙方签定协议后有按规定的时间到乙方报到的义务。甲方若遇到特殊情况不能按时报到，须征得乙方的同意。

二、乙方有根据自己的需求情况，当面与甲方交谈，挑选的权利。有向甲方如实介绍本单位的情况，明确自己的要求及使用意图的义务。乙方对甲方成绩有特殊要求，应在备注中加以明确；要求甲方进行就业前体检的，也应在备注栏中明确约定体检的时间、地点和相关要求。如约定不明确，甲方到乙方报到后，乙方不得以甲方成绩、身体等原因为借口辞退甲方。

三、丙方有审查甲方和乙方“双向选择”意思表示是否真实的权利。有为甲方出具毕业推荐书和向乙方提供甲方真实情况，做好推荐工作的义务。甲、乙双方签定就业协议后，由丙方按国家就业的方针、政策为甲方办理就业的有关手续。

四、甲、乙、丙三方如有其他约定，应在备注中加以说明，备注栏中约定的事项，属本协议的补充部分，与本协议条款具有同等效力。

五、本协议一经协议各方签字或盖章后即产生法律效力。协议三方应严格履行本协议，若有一方提出变更协议，须征得其他方的同意，并按事先约定承当违约责任。

六、本协议一式四份，甲、乙、丙三方各执一份，另外一份由甲方或乙方或丙方交有关毕业生就业主管部门备案（复印件无效）。

<table>
<tr><td rowspan="5">甲方情况及意见</td><td>姓名</td><td></td><td>性别</td><td></td><td>年龄</td><td></td><td>民族</td><td></td></tr>
<tr><td>政治面貌</td><td></td><td>培养方式</td><td></td><td>健康情况</td><td colspan="3"></td></tr>
<tr><td>专　业</td><td colspan="3"></td><td>学制</td><td></td><td>学历</td><td></td></tr>
<tr><td>家庭地址</td><td colspan="7"></td></tr>
<tr><td colspan="8">应聘意见：

毕业生签名：　　　　年　　月　　日</td></tr>
<tr><td rowspan="6">乙方情况及意见</td><td>单位名称</td><td colspan="3"></td><td>单位隶属</td><td colspan="3"></td></tr>
<tr><td>联系人</td><td></td><td>联系电话</td><td></td><td>邮政编码</td><td colspan="3"></td></tr>
<tr><td>通信地址</td><td colspan="2"></td><td>所有制性质</td><td colspan="4">全民、集体、合资、其他</td></tr>
<tr><td>单位性质</td><td colspan="7">机关、科研设计单位、高等学校、其他教学单位、医疗卫生单位、其他事业单位、金融单位、国有企业、三资企业、其他企业、部队</td></tr>
<tr><td>档案转寄详细地址</td><td colspan="7"></td></tr>
<tr><td colspan="3">乙方使用意见：

签章
年　　月　　日</td><td colspan="5">乙方上级主管部门意见：
（有用人自主权的单位此栏可略）

签章
年　　月　　日</td></tr>
<tr><td rowspan="3">丙方意见</td><td>学校联系人</td><td></td><td>联系电话</td><td></td><td>邮政编码</td><td colspan="3"></td></tr>
<tr><td>学校通信地址</td><td colspan="7"></td></tr>
<tr><td colspan="3">丙方（院、系、所）意见：

签章（盖章）
年　　月　　日</td><td colspan="5">丙方毕业生就业部门意见：

签章（盖章）
年　　月　　日</td></tr>
</table>

备注：

参考文献

陈宇.走向世界技能强国.北京:海洋出版社,2006

范河明.大学生就业与创业指导.北京:高等教育出版社,2010

华姿.德兰修女传:在爱中行走.济南:山东画报出版社,2007

黄有霖,卢明忠.大学生就业与创业指导.厦门:厦门大学出版社,2012

惠珍,张天桥.大学生就业与创业指导.北京:国防工业出版社,2012

李晓波,李洪波.大学生就业与创业指导教程.北京:化学工业出版社,2010

刘虹.临床哲学思维.南京:东南大学出版社,2011

刘虹.医学与生命.南京:东南大学出版社,2011

时薇萍.大学生职业发展与创业指导.天津:南开大学出版社,2013

田元祥.黄帝内经.上海:上海科学普及出版社,2011

张恒亮.学业规划.西安:电子科技大学出版社,2003

张文双,张旭东,农智杰.大学生就业与创业指导教程.北京:中国传媒大学出版社,2010

张湘富,张丽颖.大学生生命教育教程.北京:高等教育出版社,2011

后　记

云南省现有医学类高职高专学校建校历史都不长，最早一批学校成立于 2006 年，相对于省内非医类其他学校而言，就业指导与就业服务水平还有待不断提升，专门针对医学类高职高专的就业教材又相对缺乏，特别是随着招生人数的不断增加，还不能完全满足广大在校学生在就业指导服务方面的要求。针对这一现状，很有必要推出一本适合度较高的教材，以帮助医学生们树立医学信仰，科学的规划学业、合理的就业定位和提升就业竞争力。

本书的编者团队成员全部来自于云南省医学类高职高专学校从事就业工作的一线教师，他们具有多年教龄和从事就业指导工作的丰富实战经验，第一章由雍怡敏编写，第二章由杨清成、杨世恒、牟铁文编写，第三章由廖仲庚、邓景秋、陈华编写，第四章由贺彪编写，第五章由杨红芹编写，第六章由贺金明、苏红斌编写，第七章由张键涛、张鹤编写，第八章由雍怡敏、孙伟编写，第九章由张磊、史会林、贺彪编写。

本教材在编写过程中参考了国内外部分大学生职业规划、就业指导和创业教育的书籍和部分网站的相关内容，在此向相关作者表示感谢。限于编写时间仓促，编者水平有限，书中难免有疏漏和错误之处，敬请广大读者批评指正。

编　者

2014 年 6 月 24 日